Robert Habeck

DEN BACH RAUF

Robert Habeck

DEN BACH RAUF

EINE KURSBESTIMMUNG

Kiepenheuer & Witsch

»Schaut nicht auf das, was euch trennt.
Schaut auf das, was euch verbindet.«

MARGOT FRIEDLÄNDER

INHALT

HEIMAT IST DA, WO EINEN DIE PROBLEME ETWAS ANGEHEN

Die schlechten Nachrichten prasseln im Minutentakt auf uns ein. Bilder und Schlagzeilen, die auf dem Smartphone aufploppen, auf dem Bildschirm im Bus, in der U-Bahn, im Bahnhof. Die mir morgens beim Scrollen durch die sozialen Kanäle entgegenleuchten. Und spätabends, wenn ich die *Tagesschau* im Netz nachsehe. Raketen über Israel, Panzer im Libanon, Sprengstoffdrohnen über Kyjiw, Terroranschlag in Solingen, Polizistenmord in Mannheim, Hochwasser in Europa, Energiepreise zu hoch, das Wachstum zu niedrig: Kummer, Sorge, Leid, gebündelt in Schlagzeilen. Angriffe, Anschläge, Kriegstote. Wie wahrscheinlich viele verspüre ich manchmal das Bedürfnis, mich aus diesem Getöse zurückzuziehen, die Welt in ihrer Raserei auszusperren und meine eigene kleine zu schützen. Die Tür von innen abzuschließen und mich um meine Familie, meine Frau, meine Söhne, meine

Eltern, um Freundinnen und Freunde zu kümmern. In den Harry-Potter-Büchern hat Ron Weasleys Mutter eine Uhr, auf der sie sehen kann, wo ihre Kinder und ihr Mann sind, ob es ihnen gut geht. So geht es mir manchmal. Ich will innerlich auf diese Uhr schauen, mich vergewissern: Ist alles gut, seid ihr da, seid ihr sicher?

In den vergangenen Jahren habe ich viele politische Rückschläge erlebt. Kaum war ein Problem gelöst oder dabei, gelöst zu werden, schlug das nächste mit voller Wucht auf. Wie oft habe ich mir gedacht: Nicht das auch noch! Wie oft gewünscht, ich könnte die Augen schließen, bis zehn zählen, und dann wäre das Problem verschwunden, wissend, dass es nicht so sein wird.

Ja, es gab auch die Frage: Soll ich aufhören mit der Politik? Warum ist es eigentlich mein Problem, warum mache ich es zu meinem, warum geht es mich etwas an? Ich könnte auch etwas anderes tun und es anderen überlassen. Irgendwer wird sich schon kümmern. Aber es geht mich etwas an. »Es« – das ist das, was um mich herum geschieht. Hier. Da, wo ich lebe. Heute. Jetzt. In meiner Zeit. Das, was geschieht durch viele. Auch durch mich.

Deutschland ist das Land, in dem ich lebe. In dem ich geboren bin. Dessen Sprache ich durch den Zufall meiner Geburt und der meiner Eltern spreche. In dessen Sprache sie mir vorgesungen und vorgelesen haben, und ich dann meinen Kindern. Matthias Claudius' Abendlied, in dem Wörter wie »prangen« und Halbsätze wie »lass uns einfältig werden« aus dem Alltag fallen und doch Teil meines Lebens sind. Ein Erbe wird weitergegeben, und wir sind Erben.

Es ist die Sprache, in der Menschen Literatur geschrieben haben, deren Worte mir viel bedeuten, deren Gedichte, Geschichten und Geschichte mich geprägt haben, mein Denken und mein Fühlen. Es ist das Land, in dem ich vor den Eingangstüren an Stolpersteinen stehen bleibe, auf denen die Namen ermordeter Jüdinnen und Juden stehen. Und die Todesdaten. Und die Orte. Theresienstadt. Dachau. Fuhlsbüttel. Oder unbekannt. Ich weiß, dass zumindest einige Mitglieder meiner Familie einen aktiven Anteil an diesem Morden hatten und wohl die meisten einen passiven.

Deutschland ist auch das Land, in dem ich schlechte Laune bekomme, wenn die Bahn stehen bleibt und ich den Anschluss verpasse an Bahnhöfen, die Büchen, Elmshorn oder Neumünster heißen. Es ist das Land, in dem ich mich frage, wie es sein kann, dass in einer der größten Volkswirtschaften der Welt sechs Prozent der Schülerinnen und Schüler jedes Jahr keinen Abschluss machen, dass fünfundzwanzig Prozent der Kinder am Ende der

Grundschule nicht lesen und schreiben können und weitere zwanzig Prozent nur schlecht.

Aber auf eigentlich jeder Zugfahrt gibt es dann freundliche Schaffnerinnen, die den Überblick behalten, Zugbegleiter, die eine nette, vielleicht lustige Ansage machen und sich freuen, wenn man sich bei ihnen bedankt. Und es gibt unzählige Lehrerinnen und Lehrer, die sich mit großem Engagement um Kinder kümmern, die Hilfe brauchen. Es gibt Menschen, die ihren Nachbarn helfen, Hab und Gut in Sicherheit zu bringen, wenn ein Hochwasser kommt. Ehrenamtliche, die Sandsäcke stapeln. Feuerwehrmänner, die ihr Leben einsetzen, um Menschen aus den Wassermassen zu retten.

In diesem Land stehen so viele Menschen füreinander ein. Junge Leute kaufen für die alte Dame im zweiten Stock ein, gießen Blumen oder füttern die Katze. Auf einer Messe in Thessaloniki habe ich deutsche Zahnärzte getroffen, die ihren Jahresurlaub in griechischen Flüchtlingslagern verbringen, um dort Zahnschmerzen zu lindern. Es gibt Menschen, die Geflüchtete aus der Ukraine bei sich aufnehmen, damit sie nicht in Massenunterkünften bleiben müssen. Menschen, die in Gemeindezentren Hausaufgabenhilfe anbieten oder Jugendtreffs. Die Unternehmen gründen, weil sie für Probleme Lösungen gefunden haben, die die Welt ein bisschen besser machen. Handwerksmeisterinnen, die den Betrieb der Eltern übernehmen und die Tradition in die Zukunft führen. Menschen, die sich nicht unterkriegen lassen. Die Neues aufbauen, wenn sich Altes verändert. Menschen, die sich kümmern.

Deutschland ist auch das Land, in dem ich mich politisch gefordert fühle, wenn ein Islamist auf dem Stadtfest drei Menschen ersticht. Wenn ich auf einer Polizeiwache im Kreis von Polizistinnen und Polizisten sitze, die um ihren Kollegen trauern, der von einem Islamisten getötet wurde, und die ihren Beruf im Bewusstsein machen, dass ihnen so etwas auch passieren kann. Es ist das Land, in dem ich mich schäme, wenn Jüdinnen und Juden daran denken auszuwandern, weil sie sich hier nicht sicher fühlen. Wenn Menschen, deren Eltern oder Großeltern als sogenannte Gastarbeiter herkamen, ebenfalls überlegen, von hier wegzugehen, weil Rechtsextreme und Rechtspopulisten salonfähig werden, in Landkreisen die politische Mehrheit stellen oder Parteianhänger auf AfD-Wahlpartys Lieder grölen mit Texten wie »Wir schieben sie alle ab«, dazu tanzen und klatschen und eine Tafel mit der Aufschrift »Millionenfach abschieben« schwenken. Dann bäumt sich alles in mir auf.

All das ist mir nicht egal. Die Probleme gehen mich etwas an. Hier, in diesem Land. In meiner Heimat. Dies ist ein Begriff mit viel Geschichte, auch einer des Zwiespalts, der Umdeutungen, der Missdeutungen, des Missbrauchs. Ein Wort, das wahrscheinlich für jeden etwas anderes bedeutet, sich anders anfühlt. Zum Beispiel für Menschen, die mit zwei oder mehr Sprachen groß geworden sind, die eingewandert sind und erst hier Deutsch gelernt haben, die noch eine zweite Heimat haben und zugleich hierhergehören.

Ich nenne Heimat das Land, dessen Probleme mich direkt angehen. Das mich fordert. Das Land, um das man sich kümmert, gerade wenn es schwierig wird. Das Land, zu dem ich stehe. Um dessen Gegenwart und Zukunft ich kämpfe. Das nenne ich Heimat. Und bestimmt nicht nur ich.

WIR KÖNNEN ENTSCHEIDEN

In den vergangenen Jahren habe ich unzählige Menschen getroffen, auf Hunderten Veranstaltungen, bei Bürgergesprächen, Unternehmensbesuchen in allen Regionen Deutschlands, Nord, Süd, Ost, West, der Mitte, und auf etlichen Auslandsreisen. Meine Termine sind dicht getaktet, einer folgt auf den nächsten, und oft bleibt nur wenig Zeit, weil schon das nächste Gespräch ansteht und mir meine gut organisierten Mitarbeiterinnen und Mitarbeiter freundlich signalisieren, dass ich weitermuss, womit sie leider immer recht haben, weil es unhöflich ist, zu spät zu kommen. Aber viele Gesichter, Geschichten zu diesen Gesichtern, kleine Momente, Sätze bleiben hängen, gehen mir weiter durch den Kopf.

Da ist die Auszubildende in einer Bäckerei in Nordniedersachsen. Sie trägt eine schwarze Handprothese. Ein Arbeitsunfall, sagt sie, als sie mich zusammen mit ihrer Chefin vor der Tür des Familienbetriebs empfängt. Sie arbeite schon seit zwei Monaten wieder und sei eine großartige Kollegin, erklärt ihre Chefin, bevor sie uns durch den Betrieb führt, hinein in eine Backstube, wenn dies für diesen lichtdurchfluteten Raum mit großen Fenstern das richtige Wort ist. Noch Tage später denke ich an diese junge Frau, die in weißem Shirt und weißer Schürze große Teigmengen zu Ciabatta formt, Hand in Hand mit einem Kollegen. Und ich frage mich, wie sie diesen Schlag durchgestanden hat, und bewundere die Kraft, die es ihr erlaubt, trotzdem ihre Ausbildung weiterzumachen und sich das Leben neu aufzubauen.

Da ist dieser eine Sonntag im Sommer 2024, an dem ich in einem bayerischen Wohnzimmer stehe, das ein paar Stunden zuvor völlig überflutet war. Wegen eines der Hochwasser, die immer häufiger auftreten, weil die Erderhitzung voranschreitet; man kann und darf es nicht mehr übersehen. Das Wasser ist gerade abgelaufen, und nun reinigen hier zwanzig Leute die Möbel, wischen den Boden, hängen die Familienfotoalben zum Trocknen auf. Ich sage der Besitzerin, einer älteren Dame, dass es toll sei, dass ihre Nachbarn alle helfen würden. Sie guckt mich etwas verdattert an und antwortet: Ich weiß gar nicht, wer diese Menschen sind, ich kenne sie nicht, meine Nachbarn sind es jedenfalls nicht.

Oft denke ich auch an die Geschäftsführerin einer Nougatfabrik in Thüringen, die ich im Februar 2024 besucht habe. Ein Traditionsunternehmen, dessen Geschichte bis ins vorletzte Jahrhundert zurückreicht, das schon in der DDR Delikatessnougat hergestellt hat und heute stabil im Markt steht. Wie überall in Deutschland fehlen auch hier Fachkräfte: Viele Stellen sind zum Zeitpunkt meines Besuchs unbesetzt. Nur dass in Thüringen die AfD besonders stark ist, die offen und unverhohlen fordert, Menschen, die nicht ihrem fürchterlichen Wunschbild einer homogenen Volksgemeinschaft entsprechen, aus Deutschland zu entfernen. In der Nougatfabrik arbeiten Menschen aus neunzehn Ländern, und das Unternehmen unterstützte eine Initiative, damit das so bleiben kann.

Als sich unser Wagen der Fabrik nähert, sehen wir etwa fünfzig Menschen, die gegen mich demonstrieren. Sie blockieren den Pressebus, beschimpfen die Journalistinnen und Journalisten. Der Geschäftsführerin merkt man an, dass sie das Ganze mitnimmt. Mir geht es nicht anders.

Ich lebe mit Demonstrationen gegen meine Politik, gegen mich. Sie gehören dazu, wenn man politische Verantwortung trägt. Ich kenne das aus meiner Zeit als Landesminister in Schleswig-Holstein. Damals ging es um Fischerei im Nationalpark Wattenmeer oder um den Schutz von Hecken und Grenzwällen, sogenannte Knicks. Heftig war es auch, aber alle konnten miteinander reden. Respektvoll. Und meistens gab es sogar eine gute Lösung. Die Demonstranten wollen an diesem Tag nicht reden. Sie wollen auch keine Lösung. Sie brüllen und machen obszöne und drohende Gesten.

Eine Woche nach dem Besuch rufe ich die Geschäftsführerin noch einmal an und sage, dass es mir leidtue, dass sie meinetwegen solche Scherereien bekommen habe; ich frage sie, wie es ihr gehe. Sie berichtet, dass die Demonstration auch für ihre Mitarbeiterinnen und Mitarbeiter eine beunruhigende Erfahrung gewesen sei. Denn nach meiner Abreise hätten die Rechtspopulisten einfach weitergepöbelt, gedroht, der Fabrik lautstark die Insolvenz gewünscht. Sie habe die Vorfälle öffentlich gemacht und erklärt, dass man miteinander reden können müsse. Daraufhin hätten sich andere Geschäftsleute gemeldet, um sie zu unterstützen. Und dann die Verbände und die Kammern. Aus der Kampagne gegen sie sei eine für sie geworden – und für die Demokratie. Eine Lektion in demokratischem Anstand.

Es sind diese und viele andere Geschichten, die zeigen, welche Kraft in Menschen steckt. Menschen, die sich nach schweren Schicksalsschlägen zurück ins Leben kämpfen, die anderen in der Not zur Seite stehen und tatkräftig anpacken, die für Menschlichkeit kämpfen, die Zivilcourage zeigen. Die bei Gegenwind aufrecht nach vorne gehen. Die etwas gegen alle Wahrscheinlichkeit durchsetzen. Die zeigen, dass Menschen einen Unterschied machen. Sie geben den Mut, den ein Land braucht, den wir alle brauchen, auch ich.

Ich habe dieses kleine Buch mit der dichten Taktung der Krisen begonnen. Darauf werde ich immer wieder zurückkommen. Denn die Probleme sind ja da: die Kriege, die Erderhitzung, die geopolitischen Machtverschiebungen, die Wachstumsschwäche unserer Wirtschaft, der Populismus, der die liberalen Demokratien bedroht, das Erstarken autoritärer Kräfte. Vieles hängt miteinander zusammen, beeinflusst sich gegenseitig und wird auf einmal in unserem Alltag spürbar. Aber die Krisen verschwinden nicht, wenn man wegschaut, die Aufgaben erledigen sich nicht von selbst, wenn man die Tür hinter sich zumacht, sie werden auch nicht kleiner, wenn man sie laut beklagt. Im Gegenteil: Sie werden noch größer, wenn man den Untergang an die Wand malt und damit jenen Diktatoren und Autokraten, die unsere Demokratie und Freiheit zerstören wollen, einen Dienst erweist.

Nein, die Krisen gehen nicht weg. Aber wir können uns entscheiden: Stecken wir den Kopf in den Sand? Erstarren wir in Angst? Versinken wir in Wut? Oder heben wir den Kopf? Richten uns auf, krempeln die Ärmel hoch, nehmen die Probleme an und kümmern uns um sie? Kümmern uns um unser Land, unser Zusammenleben, umeinander – damit wir nicht verkümmern?

Ich habe in den vergangenen Jahren viel Unterstützung bekommen, Freunde, Freundinnen gewonnen und Gutes erlebt. Ich habe aber auch Anfeindungen gespürt, Beleidigungen gehört und sogar perverse Morddrohungen erhalten. Menschen schreiben mir Dankesbriefe oder loben mich in den sozialen Medien, andere hassen mich aus tiefstem Herzen. Nach mehr als drei Jahren im Amt, so mag man denken, sei das normal. Aber ich möchte das Anschreien, den Hass, die Gewalt nicht als Normalität akzeptieren, weil ich weiß, dass all das bei mir nur besonders sichtbar ist – aber fast alle Menschen unter diesem gesellschaftlichen Klima, unter der Maßlosigkeit der Debatte leiden. Ich schreibe diese Seiten, weil mich die tiefe Sorge umtreibt, dass Deutschland seine Mitte oder – vielleicht besser – seine Balance verliert. Dass Probleme nur auf Kosten anderer gelöst werden, dass man die Verunglimpfung und Ausgrenzung anderer braucht, um überhaupt zu wissen, wer man ist. Als Land und Nation müssen wir uns aber klarmachen, dass wir durch diese schwierige Zeit nur kommen, wenn wir mehrheits- und einigungsfähig sind. Wenn wir für eine Debattenkultur in Politik und Gesellschaft einstehen, die dazu beiträgt, dass Kompromisse möglich bleiben, Kompromisse, hinter denen sich eine gesellschaftliche Mehrheit versammelt – gerade jetzt, wo wir uns einer veränderten Wirklichkeit stellen müssen, wo wichtige und weitreichende Entscheidungen zu treffen sind.

Immer wieder hat sich Deutschland nach der Schreckensherrschaft der Nationalsozialisten neu erfunden. Der Wiederaufbau nach dem Zweiten Weltkrieg, die gesellschaftlichen Reformen der Siebzigerjahre im Westen, die Bürgerrechtsbewegung der späten Achtzigerjahre im Osten, die Überwindung der deutschen Teilung: Die Zeiten haben uns immer wieder gefordert. Wir sind daran gewachsen und nach den USA und China die drittgrößte Volkswirtschaft der Welt geworden, eine stabile Demokratie, ein sicherer Rechtsstaat, eingebunden in ein freies und friedliches Europa.

Nichts von dem ist heute mehr selbstverständlich. Deshalb fordern die Zeiten jetzt, dass wir darum kämpfen.

Dieses Buch läuft auf eine Hoffnung hinaus. Dass nämlich mehr Menschen in Deutschland leben, die Schuldzuweisungen nicht belohnen, sondern sich nach einem höflichen, normalen Umgang sehnen, im demokratischen Streit. Dass mehr Menschen bereit sind, notwendige Veränderungen anzugehen, statt die Probleme zu ignorieren, und das auch schon tun – jeder und jede nach den eigenen Möglichkeiten und Fähigkeiten. Dass mehr Menschen den Optimismus wollen, als im Pessimismus zu versinken. Menschen, die nicht lautstark klagen, aber angesichts all der Zielkonflikte kopfschüttelnd an der Seite stehen und denken: »Wie soll das nur alles gehen?«

Die im Laufe der vergangenen Jahre begriffen haben, wie schwierig die Dinge im Konkreten sind. Aber nicht wollen, dass man den Schwierigkeiten ausweicht. Menschen, die das Gelingen wollen, nicht das Misslingen.

Für sie ist dieses Buch.

Diese Kräfte freizusetzen, darum geht es.

Gute Politik sucht die gute Einigung, erkennt, dass zwischen »möglich sein« und »möglich machen« grammatisch ein Verbunterschied liegt, aber politisch Welten liegen. Das eine ist statisch, das andere dynamisch, das eine findet sich ab, das andere sucht nach dem Mehr. So entsteht ein Spannungsverhältnis, das Politik wahrscheinlich seit jeher begleitet und in den vergangenen Jahren eine brennende Aktualität bekommen hat: »statikós«, zum »Stillstehen bringend«, versus »dýnamis«, dem Duden folgend eine auf Entwicklung gerichtete Triebkraft. Auf die setze ich.

Diese Hoffnung kann enttäuscht werden. Es gibt keine Garantie, dass sie sich einlöst. Aber es gibt eine ziemlich große Wahrscheinlichkeit, dass Deutschland den Bach runtergeht, wenn auch die Politiker der demokratischen Mitte auf die Mittel des Populismus setzen, wenn sich der Pessimismus in der Gesellschaft durchsetzt. Denn das Negative und das Schlechtreden werden immer schnell überboten von der nächsten Katastrophe, der noch fieseren Beleidigung, der noch gemeineren Anfeindung. Ich glaube nicht, dass es die richtige Strategie ist, dieses Spiel mitzuspielen. Ich bin sicher, wir können uns entscheiden. Jede und jeder für sich. Ich habe mich entschieden: Ich will anderes anbieten. Den Bach rauf.

DIE DREI VERGANGENEN JAHRE

Im Spätsommer 2024 war ich als Gesprächspartner zu einer Buchvorstellung eingeladen. Es ging um die Auseinandersetzung eines *FAZ*-Redakteurs mit der Politik der ehemaligen Bundeskanzlerin Angela Merkel. Ich hatte das Buch ein paar Tage zuvor gelesen und bereitete mich im Auto noch einmal vor. Dabei dachte ich an die letzten Tage ihrer Amtszeit als Kanzlerin und meine ersten als Bundesminister für Wirtschaft und Klimaschutz. An das erste Mal, als ich das Ministerzimmer in der ehemaligen kaiserlichen Akademie für angehende Militärärzte betrat, einen Saal geradezu, mit großem Schreibtisch und riesigem Balkon. Es war Dezember, und noch trug man vielerorts Coronamasken. Die erste große Belastungsprobe für die Ampel war die Frage, ob es eine Impfpflicht geben sollte. Seitdem haben der russische Angriffskrieg, über eine Million Geflüchtete aus der Ukraine, der Wegfall von fünfundfünfzig Prozent der deutschen Gasimporte und die Beschaffung von Ersatz aus anderen Ländern, in der Folge hohe Energiepreise, hohe Inflation, steiler Zinsanstieg, Kaufzurückhaltung, Investitionsrückgang, eine Konjunkturflaute in China, der Mordterror der Hamas, der Krieg in Gaza, der Krieg im Libanon, eine anhaltende Wirtschaftsschwäche, erstarkender Rechtsextremismus und islamistische Anschläge – um nur einiges zu nennen – die Menschen in Deutschland tief verunsichert.

Die gesellschaftlichen Nachwirkungen von Corona sind noch da, und immer kommt Neues hinzu. Deutschland steht unter Druck. Druck, der von außen kommt, durch eine veränderte Welt, durch neu erstarkte Mächte und Machtkonstellationen, durch die Klimakrise mit ihren überall schon jetzt spürbaren Folgen; Druck, der von innen kommt, durch das Erstarken der politischen Ränder, den Rechtsruck, die Herausforderungen, vor die uns die Migration stellt, die bröckelnde Wettbewerbsfähigkeit unserer Wirtschaft. Sicherheiten, die wir über Jahre gewonnen haben, sind verschwunden. Dass es keine Kriege mehr geben wird in Europa. Dass es einen Konsens gibt, so schnell wie möglich alles dafür zu tun, die Erderwärmung einzudämmen. Dass Aussöhnung und Vernunft immer über ideologischen Wahn oder religiöse Eiferei obsiegen. Dass Europa der Nabel der Welt ist. Dass es vor Rechtspopulismus und autoritären Sehnsüchten gefeit ist. Dass die USA unsere Sicherheit garantieren. Dass die Globalisierung unsere Wirtschaft quasi von allein am Laufen hält. Dass uns billiges russisches Gas dauerhaft einen Wettbewerbsvorteil sichert. Dass Leistung und Fleiß Anerkennung und Aufstieg verheißen. Dass wir die besten Autobahnen, die erfolgreichsten Maschinenbauer, die modernsten Ökoenergieanlagen haben.

Und nicht zuletzt: dass die aktuell geltende Schuldenbremse – ersonnen in einer anderen Zeit, verabschiedet in einer anderen Welt – dem Land ausreichend Möglichkeiten gibt, auch in Umbruchzeiten zu bestehen.

An dem Abend, als ich im Auto saß, um zu der Veranstaltung zu fahren, und an diese drei Jahre und die sechzehn Jahre Merkel-Regierung zuvor dachte, hatte ich plötzlich ein Bild vor Augen. Die Stürme Schleswig-Holsteins fegen manchmal über die Inseln und Küstenregionen, Sturmfluten wüten, Sand wird weggeweht und weggespült und alte Bunkerreste, Müll, Fundamente oder Verlorenes werden freigelegt. Vielleicht ist es so ähnlich mit Deutschland. Nach Pandemie und Energiekrise treten die strukturellen Probleme nun offen zutage. Im Rückblick auf sechzehn Jahre Kanzlerschaft Merkel scheint es fast so, dass politische Ruhe, gesellschaftlicher Konsens, ihr großes Verdienst, die Union als Volkspartei in der Mitte zu halten, nur möglich waren, weil viele notwendige Entscheidungen, die Veränderungen bedeutet hätten, nicht getroffen wurden. Denn es sind ja politische Entscheidungen – vielleicht politische Vorsicht, vielleicht politische Verzagtheit – gewesen, die dazu geführt haben, dass in den vergangenen Jahrzehnten so viel liegen geblieben ist. Der Ausbau der erneuerbaren Energien wurde verschleppt, der der Stromnetze genauso, Wasserstoffnetze wurden weder geplant noch gebaut, unverdrossen wurden weiter Gas- und teilweise Ölheizungen eingebaut, fossile Verbrennerautos als ewige Zukunft gesehen. Die Bahn ist statt sprichwörtlich pünktlich notorisch verspätet, Unterricht fällt aus, Kitaplätze sind rar. Statt entschlossen Glasfaserausbau, KI-Entwicklung und Technik der Zukunft zu unterstützen, hielt man an Kupferkabeln und Dieselmotoren fest.

Das Ergebnis ist nun ein »Der Kaiser ist nackt«-Moment, ein schauerndes Erkennen, dass nicht alles einfach so garantiert ist, dass Politik auch Zumutung heißen kann, dass Frieden und Demokratie politische Anstrengungen bedeuten. Jetzt müssen wir alles in vielfach höherer Geschwindigkeit tun, weil die Welt sich so schnell verändert und nicht geduldig auf Deutschland wartet.

Während des letzten Bundestagswahlkampfes schloss ich meine Reden häufig damit, dass wir keine Politiker brauchen, die die Verantwortung wie eine heiße Kartoffel hin und her werfen, die anderen die Schuld für eigene

Fehler geben. Statt »Ich war es nicht« habe ich für eine Politik geworben, die Verantwortung sucht und benennt, für eine Politik, in der man es immer gewesen sein wollte. Und so habe ich versucht, als Minister zu handeln. Sicher gab es Momente, in denen ich mit dem Finger auf andere gezeigt habe. Gefeit davor ist im politisch-medialen Betrieb wohl kaum jemand, auch ich nicht. Aber wenn in strategischen Runden überlegt wurde, ob es politisch klüger wäre, keine unangenehmen Entscheidungen zu treffen, oder zu warten, bis andere sie treffen würden, habe ich mich dagegen ausgesprochen.

Und so haben wir schwimmende Gasterminals gechartert, sogenannte FSRUs, als noch Gas aus Russland kam. Hätten wir sie nicht gebraucht, hätte ich mich für die Verträge verantworten müssen. Die militärische Unterstützung der Ukraine, die schwierigen haushaltspolitischen Entscheidungen, die Speicherung und Abscheidung von CO_2, auch das Gebäudeenergiegesetz, mit dem Deutschland in den nächsten Jahrzehnten das Heizen klimaneutral machen wird – immer gab es Gegenwind, Proteste, wütende Kommentare in den sozialen Medien. Dabei war eins immer klar: Verantwortung bedeutet nicht Halsstarrigkeit. Ich habe Kritik am Entwurf des Gebäudeenergiegesetzes ernst genommen und Vorschläge gemacht, um es besser zu machen. Auch Teile der Kürzungen bei Agrarsubventionen haben wir zurückgenommen, weil wir gesehen haben, dass die Landwirte gute Argumente hatten.

Die Ampel hat einen miserablen Ruf, weil sie sich in dieser schwierigen Konstellation immer und immer wieder öffentlich gestritten hat. Aber in der Regierung wurde viel Richtiges, ja Überfälliges auf den Weg gebracht: Ende der Abhängigkeit von russischer Energie, Ausbau der Erneuerbaren, Stromnetzausbau. In der Regierung wurde das Land beim Klimaschutz auf Kurs gebracht, damit wir die Klimaziele 2030 erreichen können. Neue Handelsverträge, schwierige Reformen der Asylpolitik, Reform des Staatsbürgerschaftsrechts, Fachkräfteeinwanderungsgesetz, neuer Schwung beim Bürokratieabbau, Kinderzuschlag für Familien mit wenig Geld – die Leistungsbilanz der Regierung ist besser, als gesagt wird. Wir haben angefangen, den über Jahre aufgebauten Berg an Problemen abzutragen. Dafür haben wir einen Preis bezahlt, einen politischen und einen persönlichen. Die Zustimmungswerte der Regierungsparteien sind stark gesunken; und ich habe Personenschützer um mich herum, selbst wenn ich jogge oder ins Kino gehe.

Aber ich habe nie infrage gestellt, dass es die Sache wert war. In einer Regierung zu sein heißt, für die Regierung zu sein. Und ich fand es falsch, dass die Ampelregierung an dem Tag zerbricht, an dem Donald Trump erneut zum amerikanischen Präsidenten gewählt wurde.

Natürlich wusste ich, dass diese Regierung ihre Zukunft hinter sich hatte. Aber dennoch: Wir sind im Amt, weil wir uns einer Pflicht stellen. Da geht man nicht einfach, sondern man bleibt und findet eine Lösung. Vor allem wenn um uns herum die Welt so in Aufruhr ist. Ich weiß, dass das nicht alle so sehen. Ich sehe es so. Man ist als Minister nicht Minister für die Grünen, die FDP oder SPD, sondern für Deutschland. Für mich ist es ein Gebot, das mit dem Amtseid verbunden ist: dass eine Regierung in turbulenten Zeiten halten muss. Dass es gerade nach dem russischen Überfall auf die Ukraine und all seinen Folgen ein Imperativ war, für Stabilität zu sorgen und für den Zusammenhalt der Gesellschaft zu arbeiten. Das heißt natürlich auch, dass ich Entscheidungen mitgetragen habe, die ich nur halb richtig oder sogar falsch fand. Wir haben nicht klar genug auf die Energie- und Wirtschaftskrise geantwortet. Statt ein großes Wachstumspaket zu beschließen, haben wir eine Reihe vieler kleiner Schritte gemacht und so angesichts der Größe der Krise insgesamt unangemessen gehandelt. Wir haben nicht geschlossen und klar genug kommuniziert. Wir haben nicht genug für mehr soziale Gerechtigkeit getan. Bei der Unterstützung der Ukraine in ihrem Abwehrkampf gegen Putins Angriff haben wir gehandelt, aber immer zeitverzögert und nach öffentlichem Streit. Jeweils gab es Gründe dafür, technische, taktische, moralische. Der Hauptgrund ist aber: Wir haben den Teamgeist verloren. Es gab zu viel Sprachlosigkeit, zu viel Abwarten, zu wenig politische Gemeinsamkeit.

Die letzten Jahre waren hart fürs Land, hart für viele Menschen. Sie haben auch mich tief geprägt, geformt. Als Minister, als Vizekanzler habe ich gelernt, wie man Krisen bewältigt. Ich weiß, wie verwoben Entscheidungsprozesse sind und dass man auch menschlich schwierigsten Situationen nicht ausweichen kann. In dieser Zeit habe ich Entscheidungen getroffen, die Konsequenzen haben. Für Menschen, fürs Land. Ich habe Probleme gelöst, immer wieder Rückschläge erlebt und mich darangemacht, das nächste Problem zu lösen. Dabei habe ich auch Fehler gemacht, ich lerne daraus, jeden Tag. Wie wir alle lernen. Ich habe Wissen erworben und Kompetenz – und am Ende eine neue Kraft gefunden, noch mal zu kämpfen. Sie ist nicht mehr unschuldig oder naiv, sondern tief und in Erfahrung gehärtet.

Jetzt, während ich diese Zeilen schreibe, steht Deutschland vor einer vorgezogenen Bundestagswahl. Die Regierungskoalition ist gescheitert, ausgerechnet am 6. November, dem Tag, an dem wohl die meisten Menschen in Deutschland vormittags vor ihren Handys saßen und die Nachrichten vom Wahlsieg Donald Trumps lasen –

und am späten Abend dann Eilmeldungen vom Bruch des Bündnisses aus SPD, Grünen und FDP. Es war ein Tag, von dem man schon beim Aufstehen fühlte, dass er ein besonderer werden könnte. Es wurde ein historischer. Und oft denke ich, dass wir in den vergangenen Jahren etwas zu viele historische Tage erlebt haben.

Nun aber stehen wir vor einem Wahlkampf, früher als gedacht. Für das Land beginnt eine neue Phase, für mich auch. Und deshalb dieses Buch: einmal aufschreiben, was ich gelernt habe, überprüfen, wer ich bin, anbieten, was wir sein könnten.

VERTRAUEN IN VERANTWORTUNG

Die Mitarbeiterinnen und Mitarbeiter des Ministeriums für Wirtschaft und Klimaschutz haben in dieser Legislaturperiode unzählige Gesetze und Verordnungen geschrieben und durch Kabinett und Bundestag gebracht, viele davon in großer Schnelligkeit. Nicht, weil es per se großartig ist, viele Gesetze zu schreiben, Verordnungen und Anordnungen zu erlassen, sondern weil der Handlungsdruck so groß war. Zum einen waren so viele Aufgaben in den Jahren davor liegen gelassen worden. Zum anderen war mit dem Angriff Putins unsere Energieversorgung gefährdet, und die Situation verschärfte sich immer weiter. Wir haben alles getan, um eine Gasmangellage abzuwehren. Wir mussten sicherstellen, dass die leerlaufenden Gasspeicher gefüllt werden konnten, damit Haushalte im Winter heizen und Unternehmen produzieren können. Als Gazprom Germania, ein deutscher Gasversorger in russischer Hand, im April 2022 plötzlich einen neuen Geschäftsführer bekam, einen DJ, der offensichtlich ein Strohmann war, wussten wir, dass das Unternehmen von Russland aus liquidiert werden sollte. Wir ordneten kurzfristig eine Treuhandverwaltung an und unterstellten das Unternehmen der Kontrolle des Staates, um die Versorgung von Millionen Bürgerinnen und Bürgern zu sichern. Wir reformierten ein altes Gesetz aus der Zeit der Ölkrise in den Siebzigerjahren, das Energiesicherungsgesetz, das seitdem in den Schubladen verstaubt war, um für die Krise genug Handlungsmöglichkeiten zu schaffen. Und als die Energiepreise durch die Decke gingen, entwickelten wir – basierend auf Vorschlägen einer Kommission aus Industrie, Gewerkschaften, Ökonomen und Verbraucherschutz, abgestimmt mit den Kollegen in der Regierung – in Windeseile die Strom- und Gaspreisbremse, ein wahnsinnig komplexes Unterfangen, und setzten sie um.

Teams im Ministerium ackerten Tag und Nacht, weil uns die Zeit davonrannte. Billiges russisches Gas fehlte, Ersatzgas musste zu horrenden Preisen neu beschafft werden, die Gasversorgungsunternehmen standen vor dem Zusammenbruch und damit auch die Versorgung der Menschen und Unternehmen. Wir verstaatlichten den größten Gas-Importeur Uniper, wir sicherten andere Versorger ab. In diesen Monaten fürchtete ich, dass Firmen wegen Gasmangels nicht mehr würden produzieren können und dann zum Beispiel wichtige Dinge für den

Alltag wegbrächen – Gläser für Babynahrung, Kartons für Medikamente. Neues, Unvorhergesehenes geschah täglich. Wir telefonierten ununterbrochen mit der EU-Kommission, mit Unternehmen, Landesbehörden, Partnerstaaten. Immer wieder betraten wir unbekanntes Gelände, mussten unkonventionell agieren, weil für Dinge, die sonst Jahre brauchen, Wochen, manchmal nur Tage Zeit war. Die zeitlichen Gesetzmäßigkeiten einer Regierung, einer Verwaltung, waren durch die Wirklichkeit außer Kraft gesetzt worden. In diesen Monaten schlief ich öfter schlecht, weil ich mich immer wieder fragte: Hast du genug getan? Reicht es, fehlt was? Kommt Deutschland sicher durch diesen Winter, durch den nächsten?

Die Kolleginnen und Kollegen im Ministerium erarbeiteten auch Verordnungen zum Energiesparen (eine davon trug den wahrscheinlich längsten Verordnungsnamen meiner Amtszeit und ist beim Galgenraten ein Gewinnerwort: die Kurzfristenergieversorgungssicherungsmaßnahmenverordnung, kurz EnSikuMaV). Wir warben offensiv dafür, Heizungen zu Hause runterzudrehen, Türritzen und Fensterritzen abzudichten. Mit beidem tat ich mich innerlich schwer, denn mir war bewusst, dass wir hier aufs private Verhalten zielten und es leicht übergriffig war. Aber alle Szenarien zeigten, dass Deutschland nur dann sicher über den Winter kommen würde, wenn die Menschen im Land mithelfen würden, wenn sie massiv Gas sparten.

Und das taten sie! So viele drehten die Heizung eine Stufe runter, zogen einen Pullover mehr an und leisteten damit ihren Beitrag. Ohne diese Anstrengungen hätten wir der Energieversorgungskrise nicht so gut getrotzt.

Parallel arbeitete das Ministerium an vielem anderen, was dringend nötig war – Klimaschutz, Ausbau der erneuerbaren Energien und Regeln, die CCS-Technik erlauben, also die Möglichkeit, CO_2 abzuscheiden und zu speichern. Und auch, und das ist wohl das bekannteste Gesetz, das mit mir in Verbindung gebracht wird, an einer Änderung des Gebäudeenergiegesetzes (GEG). Das Ziel war, Häuser klimafreundlicher zu machen und möglichst schnell den Gasverbrauch fürs Heizen zu reduzieren.

Im Februar 2023, wir hatten den Winter dank all der Anstrengungen gerade sicher überstanden, gelangte der unfertige Gesetzentwurf zum erneuerbaren Heizen durch eine Indiskretion an die Öffentlichkeit, im Politikjargon nennt man das ein Leak. Über Wochen war ich nun nahezu jeden Tag auf der Titelseite einer Boulevardzeitung; die Debatte tobte, laut und schrill.

Inzwischen ist das Gesetz über ein Jahr in Kraft. Immer mehr Kommunen schließen ihre Wärmeplanung ab, wissen nun, wo welche Quellen für Energie noch erschlossen werden können. Das kann Geothermie sein oder Abwärme von Rechenzentren, Abwasser von Klärwerken oder Großwärmepumpen an Flüssen. Die Förderung für

Wärmepumpen läuft inzwischen gut, die Anträge sind digitalisiert, und Zusagen kommen binnen weniger Minuten. Nun ist die Zeit, das Gebäudeenergiegesetz wirken zu lassen. Solch große Gesetze brauchen nach einer Einigung Ruhe und die Wirtschaft Verlässlichkeit.

Dennoch werde ich diese Wochen, diese Monate nicht vergessen und habe mich gefragt, was ich daraus lerne. Denn die Debatte um das Gesetz ist in vielerlei Hinsicht erkenntnisreich. Die Klimakrise bedeutet Veränderung, auch für das eigene Leben. Das zu leugnen und so zu tun, als bliebe alles gleich, wäre falsch. Dass es dabei ein Spannungsverhältnis zwischen der Dringlichkeit des Klimaschutzes und der Umsetzbarkeit in der Gesellschaft gibt, ist bei der Heizungsdebatte sehr deutlich geworden. Wir werden auch in Zukunft immer wieder über Tempo und Maß von Veränderungen sprechen müssen. Das ist schon als solches nicht leicht, wird aber erschwert, wenn im Debattenraum falsche Informationen wie Geschosse herumfliegen. In der Sache konnte man viele Vorwürfe widerlegen: Nein, niemand reißt jemandem eine Heizung raus; und wenn eine kaputt ist, darf man sie natürlich reparieren. Doch, technisch ist erneuerbares Heizen auch im Altbau machbar. Nein, man muss keine Fußbodenheizung einbauen und alles sanieren, um eine Wärmepumpe nutzen zu können; es geht auch anders und günstiger. Und nein, Heizen mit Wasserstoff ist keine billigere Alternative. Aber damit solche Fakten durchdringen, braucht es viele Akteure, viele Kapazitäten und viel Ausdauer. Zumal wenn es, wie manchmal geschrieben wurde, auch Lobbygruppen gibt, die das Gesetz aus wirtschaftlichen Interessen verhindern wollten. Denn wenn Deutschland immer weniger mit Gas heizt, wird immer weniger davon verkauft, und die Gasunternehmen verdienen weniger Geld. Das alles gehört zum Rückblick. Mir ist aber vor allem klar geworden: Ich habe über die Häuser geredet, über die Gebäudehüllen, den Wirkungsgrad, Prozentzahlen, die Technik. Ich habe nicht über die Menschen in den Häusern geredet. Über das, was sie besorgt und umtreibt. Und auch zu wenig mit ihnen. An einem Abend im späten Frühsommer 2023, kurz nachdem ich mitten im Trubel der Debatte noch mal einen neuen Anlauf genommen und auch öffentlich Vorschläge gemacht hatte, wie man das Gesetz besser machen und den Menschen mehr Zeit geben kann, rief ich einige Bürgerinnen und Bürger an, die mir oder dem Ministerium zum Gebäudeenergiegesetz geschrieben hatten. Einen älteren Mann, der über die Jahre sein ganzes Geld in sein Haus gesteckt hatte und nicht wusste, wie er einen Heizungstausch bezahlen sollte. Eine Frau, die in einem Reihenhaus mitten in der Stadt wohnte. Die Vorgaben des Denkmalschutzes, die schmalen, aneinandergereihten Grundstücke, die Regeln der Landesbauordnung machten den Umstieg auf klimafreundliches Heizen via Geothermie, Wärmepumpe, Fassadendämmung erst mal kompliziert. Mit diesen beiden und mit vielen anderen habe ich offen über Ängste, Probleme und denkbare Lösungen gesprochen. Ein Jahr später schrieb mir die Frau wieder. Sie hatte inzwischen einiges in die Hand genommen und geschafft: Es wurde eine Genossenschaft gegründet, Häuser wurden gedämmt, die Nachbarschaft schmiedete Pläne für klimafreundliche Lösungen.

Menschen machen sich Sorgen, wie sie ihre Rechnungen bezahlen können, vor allem wenn die Inflation so hoch ist. Sie fragen sich, wie sie das alles bewerkstelligen sollen. Ob das in ihrem Haus eigentlich geht. Wir hatten viele Fälle mitbedacht, Ausnahmeregelungen geschaffen und Härtefallklauseln. Wir hatten eine sozial gestaffelte Förderung vorbereitet: Wer weniger Geld hat, sollte stärker gefördert werden. Als der Entwurf zum Gebäudeenergiegesetz durchgestochen wurde, war das Konzept noch in der letzten Abstimmungsschleife bei mir im Haus, und wir hatten auch in der Regierung noch keine grundsätzliche Einigung zur künftigen Förderung. Ich hielt mich in den folgenden Wochen an die Regeln, die in Regierungen gelten, und machte nicht einseitig öffentlich, wie ich und mein Ministerium die Menschen unterstützen wollten. Stattdessen versuchte ich, innerhalb der Regierung eine sozial gestaffelte Förderung durchzusetzen, was erst mal auf Widerstände stieß und schließlich nur auf Umwegen gelang, nämlich im Bundestag. Die Unklarheit, wie genau die Förderung aussehen würde, trug dazu bei, dass wochenlang Angst vor Armut geschürt werden konnte. Heute ist es so, dass erstens Wärmepumpen im Betrieb in der Regel günstiger sind als Gasheizungen und zweitens die Anschaffungskosten stark gefördert werden – für Menschen mit geringeren Einkommen gibt es einen Bonus.

Menschen machen sich aber nicht nur Sorgen um ihr Auskommen, sie wollen selbst entscheiden oder zumindest Einfluss haben auf Entscheidungen. Akteur zu sein, das ist meist die Voraussetzung dafür, sich für eine Sache zu begeistern oder zu engagieren. Eine der Erklärungen, warum das Gesetz so großen Protest und Widerstand ausgelöst hat, ist vermutlich auch, dass viele Menschen den Eindruck hatten, dass alles über ihre Köpfe hinweg entschieden werden sollte. Ein Gefühl, das auf eine Grundstimmung trifft, die sich seit der Pandemie tief in Teile der Gesellschaft eingefressen hat.

Wenn ich alles noch mal anders aufziehen könnte, wenn das Jahr 2022 kein Krisenjahr mit einer Notentscheidung nach der anderen gewesen wäre, hätte ich vermutlich versucht, zum Gebäudenenergiegesetz einen Bürgerrat zu etablieren, der Menschen in die Entscheidungsprozesse reinholt, stellvertretend für alle anderen, und sie um Lösungsvorschläge bittet. Natürlich weiß niemand, ob das die Debatte verändert hätte, aber für die Zukunft möchte ich diesen Gedanken mitnehmen.

Das Gefühl, nicht gesehen zu werden, nicht gehört zu werden, ist wahrscheinlich ein Grundproblem unserer Zeit. Ein Grund für die zunehmende Gereiztheit ist, dass viele Menschen das Gefühl haben, keinen Unterschied mehr machen zu können, keinen Sinn mehr darin sehen, sich einzubringen. Das aber ist existenziell für eine Demokratie. Sie lebt von denen, die mitmachen. Was, wenn immer mehr Menschen denken, dass es nicht lohnt, sich zu engagieren?

Das paart sich mit einer weiteren Frustration: dem Eindruck, dass nicht nur die Bürgerinnen und Bürger selbst, sondern auch der Staat den Entwicklungen ausgeliefert ist, dass er an Handlungsfähigkeit verloren hat.

An beiden Punkten – begrenzte Handlungsmöglichkeit des Einzelnen und des Staates – ist etwas dran: Die Probleme und Herausforderungen – Klimakrise, Kriege, Geoökonomie, Migration – sind so groß, dass wir politische Lösungen brauchen, die die klassischen politischen Gebilde, die Nationalstaaten, nicht mehr liefern können. Welthandelsorganisation, Klima- und andere internationale Konferenzen, die UN, die EU, G7, G20 sind aber viel mittelbarer und weiter weg als die nationalen Parlamente.

Wir verschärfen die nationalen Regeln, die die Zuwanderung steuern oder begrenzen sollen, aber die Menschen machen sich trotzdem auf den Weg. Die Erderwärmung ist ebenfalls global. Steuern werden quer über den Globus hinterzogen, Geld wird rund um die Erde gewaschen – unsere Finanzsysteme sind aber national aufgestellt. In China gibt es eine Wirtschaftskrise, und unter anderem deshalb stockt die deutsche Wirtschaft. Eine Pandemie bricht aus und das Alltags- und Wirtschaftsleben der Menschen auf der ganzen Welt zusammen.

Auf vieles gibt es politische Antworten: Wir können neue Handelspartnerschaften aufbauen, den Kampf gegen Steuerhinterziehung und Geldwäsche verschärfen. Wir können die Klimakrise beherrschbar machen und klimaneutral werden, nicht sofort, aber in den nächsten Jahrzehnten, wir können uns vor steigendem Meeresspiegel, Hitze und Dürre durch Klimaanpassung und Technik schützen. Wir können Migration besser ordnen und besser steuern. Aber all das ist kompliziert, keine Lösung ist perfekt, es dauert oft lange, und vor allem überschreitet es die Grenzen des Nationalstaates. Deshalb ist das Gegenangebot einer nationalistischen Politik so verlockend. Es suggeriert, mit einfachen Antworten alles lösen zu können, vor allem aber gibt es das – nicht einlösbare – Versprechen, wieder Akteur werden zu können, wieder einen Sinn zu finden, ohne selbst etwas zu ändern. Ich las kürzlich in einem *Zeit*-Artikel von Ulrich Schnabel über Wut, dass laut Studien rund ein Viertel der Deutschen in ihrem Handeln keine Bedeutung sehe, weitere vierzehn Prozent sprächen von einer echten Sinnkrise. Und dann zitierte Ulrich Schnabel den Philosophen Alexander Batthyány mit dem Satz »Die Erfahrung der Wut ist geradezu ein Ersatz für die Erfahrung von Sinn«, das gelte besonders, wenn man sich mit anderen Wütenden zusammenschließe. »Man erfährt sich als Gemeinschaft, die einen höheren Auftrag verfolgt – lauter Zutaten eines sinnerfüllten Lebens, nur unter umgekehrten Vorzeichen.«

Eine nationalistische Politik setzt dabei auf die Befindlichkeit des Eigentlichen, das sie in der Vergangenheit aufgespürt zu haben meint. Die Slogans der erfolgreichen Kampagnen der Rechtspopulisten – »Take back control« war der Claim des Brexit, »Make America great again« die erste Trump-Kampagne – zeigen es ganz offen: »zurück« und »wieder«, Vergangenheit statt Zukunft, und zwar eine Vergangenheit, die in dem großartigen Romantitel von Joachim Meyerhoff auf den Punkt gebracht ist: »Wann wird es endlich wieder so, wie es nie war.« Die Anziehungskraft einer vorgestellten Vergangenheit ist größer als die einer nicht vorgestellten Zukunft. Und deshalb widersteht auch die deutsche Politik jenseits von AfD und BSW nicht immer den Reflexen, auf Verlustängste mit Statussicherung zu reagieren. Auch die Kampagne von Union und FDP zur Europawahl, das Ende von fossil betriebenen Fahrzeugen ab 2035 infrage zu stellen, atmete diesen Geist.

Innerhalb der Nationalstaaten haben sich die politischen Achsen verschoben. Das klassische, die alte Parteienlandschaft sortierende Rechts-Links-Schema ist einem unübersichtlichen Allerlei gewichen. In Deutschland ist es mit dem BSW nochmals unübersichtlicher geworden. Ist es jetzt rechts? Oder links? Oder beides? National? Sozialistisch? Vieles bei AfD und BSW klingt ähnlich. Wie aber soll man sich politisch orientieren, wenn die Begriffe durcheinandergeraten? Und wenn Menschen nicht mehr das Gefühl haben, dass die sich an traditionellen Werten orientierenden Parteien den Weg in die Zukunft kennen, dann verlieren sie Orientierung. Und jeden Optimismus für Veränderung zum Besseren hin, für den Fortschritt. Der aber ist Grundvoraussetzung dafür, dass eine offene Gesellschaft, eine liberale Demokratie immer wieder neue Kraft findet. Denn am Ende beruht die Demokratie nicht auf Politikern oder Institutionen, sondern auf der Vielzahl von Menschen, die sich einbringen. Menschen machen den Unterschied. Das beste Programm einer Partei wird das nicht ändern. Eine Regierung – und sei sie die beste der Welt – wird nicht alle Probleme lösen können. Sie kann am Ende nur Orientierung bieten, Leitplanken aufstellen und Impulse setzen. Sie ist angewiesen darauf, dass die Menschen mitmachen. Geht das verloren, ist alles verloren.

Das Gefährlichste an einer bevormundenden Politik ist vielleicht gar nicht, dass sie Menschen zornig macht, sondern dass sie diese entmündigt. Wenn die Bürgerinnen und Bürger nicht mehr den Eindruck haben, dass sie auch selbst handeln können – und müssen, droht Resignation. Oder die Erwartung, dass der Staat alle Probleme löst.

Wenn man sich in Deutschland umschaut, sieht man aber, dass Resignation und Handlungsstarre nur ein Teil der Wahrheit sind. Viele handeln. Als spontane Reaktionen auf die Abschiebefantasien der AfD sind Millionen Menschen auf die Straße gegangen. Viele Menschen arbeiten ruhig und unbeirrt mit Geflüchteten, damit die Integration gelingt, engagieren sich gegen Rechtsradikalismus.

In der Wirtschaft haben sich viele längst auf den Weg gemacht, um klimaneutral zu produzieren. Glashütten stellen von Erdgas auf Strom für eine klimaneutrale Produktion um, Bäckereien ihre Öfen auf Solarstrom, Speditionsunternehmen schaffen sich elektrische Lkw an, Taxis fahren elektrisch, Handwerksbetriebe beraten in Sachen klimaneutrale Heizung und Gebäudesanierung, Ziegel werden mit eingebauten Solarzellen produziert, Großwärmepumpen eingebaut. Stahlarbeiter tragen T-Shirts, auf denen steht: »Stillstand hat noch nie etwas bewegt!« Natürlich sind es nicht alle, und die Verunsicherung ist vielerorts zu spüren. Denn die Herausforderungen sind immens. Aber je immenser sie sind, desto wichtiger ist es, sich von jenen ermutigen zu lassen, die diese Herausforderungen annehmen.

Wenn Menschen den Unterschied machen, dann natürlich auch in der Politik. Es geht um Nahbarkeit und Vertrauen. Dies ist die entscheidende Währung in einer repräsentativen Demokratie – nicht, wie ausgefeilt ein Parteiprogramm ist. Erst recht, wenn große Veränderungen anstehen. Die Dinge sind so komplex, die Standpunkte so vielfältig, dass sich Wählerinnen und Wähler weniger an Konzepten, Werten, Ideen orientieren, sondern an: Menschen.

Menschen geben bei Wahlen Menschen ein Mandat, in der Hoffnung, dass diese etwas Gutes daraus machen, sodass sie sich nicht selbst um Details von Gesetzen kümmern müssen. Dafür sind dann die verantwortlich, die sie gewählt haben; ihnen vertrauen sie, ihnen trauen sie zu, nach schwierigen Abwägungen das Bestmögliche zu entscheiden. Und ich weiß, dass ich viel von diesem Vertrauen verloren habe. Das hat sicher mit der Debatte um und über das Heizungsgesetz zu tun, wahrscheinlich auch mit der Ampel. Vielleicht aber auch mit mir.

Ich habe in meiner politischen Laufbahn immer versucht, die andere Seite zumindest zu verstehen. Bauern, deren Tierhaltung ich verändern wollte, die Kohlekumpel in der Lausitz, deren Tagebaue geschlossen werden, Fischer, die nachhaltiger fischen sollten – ich bin ihnen mit Respekt begegnet und habe ihn auch immer wieder ausgesprochen. In den vergangenen Jahren habe ich aber erlebt, dass sich an mir die Geister scheiden: Ich habe viel Zustimmung erfahren, auch berechtigte Kritik, die mich zum Nachdenken gebracht hat, aber eben auch Hass.

Was nun? Was mache ich jetzt damit? Aufhören? Aufgeben? Oder Zustimmung zurückerkämpfen, die Scharte der eigenen Fehler auswetzen, das verlorene Vertrauen zurückgewinnen? Zu vieles, woran ich glaube, was mich als politische Person ausmacht, steht gerade auf dem Spiel: Freiheit – Klima – Europa. Und vor allem: Demokratie. Ich will nicht, dass den Demokraten das Heft des Handelns aus der Hand genommen wird, ich will nicht, dass aus Angst vor der Zukunft der Fortschritt abgewickelt wird. Ich will das, was ich sehe, was das Beste ist in diesem Land – die unermüdliche Tatkraft der Menschen –, nicht den Bach runtergehen lassen.

Vertrauen beruht auf Gegenseitigkeit. Menschen zu sehen und zu hören gibt die Chance, auch selbst gehört zu werden – im Hier und Heute. Eine neue Gegenwärtigkeit ist so möglich wie nötig. Davon handelt das nächste Kapitel. Und Vertrauen heißt auch, nicht alles bestimmen und regeln zu wollen. Das bringt mich zum übernächsten Kapitel.

IM HIER UND HEUTE

Helmut Schmidt hat mit seinem Satz, dass zum Arzt gehen solle, wer Visionen habe, das Denken in politischen Zielen diskreditiert. Natürlich braucht man als Politiker, als Partei einen Nordstern, eine Idee von der Zukunft, einen Horizont, auf den man hinsteuert. Irrlichtern durch den Tag ist keine sinnvolle Politik. Die Moderne ist im Kern das Versprechen, dass unsere Leben durch technologischen und ökonomischen sowie durch gesellschaftlichen und sozialen Fortschritt besser werden. Technik entwickelt sich, nimmt Lasten des Lebens, steigert die Lebenserwartung. Krankheiten, die früher tödlich waren, sind heilbar. Menschen, die früher nichts zu sagen hatten, bestimmen ihr Gemeinwesen mit. Es gibt historisch betrachtet einen ungeheuren Zuwachs an Bildung. Das Wissen eines Neuntklässlers hätte vielleicht vor ein paar Jahrhunderten für einen Gelehrtentitel gereicht. Eine moderne Gesellschaft braucht einen offenen Zeithorizont, sonst verliert sie Mut und Motivation. Eine

Demokratie braucht positive Zukunftsvorstellungen, die Orientierung geben. Wenn wir nicht wissen wohin, treiben wir hilflos im Strudel der Gegenwart, einer Gegenwart, die immer wieder von Krisen geprägt ist. Daher ist es zentral, dass demokratische Parteien eine eigene Idee von der Zukunft formulieren, anstatt die Gegenwart zum alleinigen Maßstab zu machen oder eine imaginierte Vergangenheit zum Horizont zu erklären. Und wir erleben gerade jetzt, wie sehr die Zukunftsblindheit der vergangenen Jahre zu der geballten Ladung an den Problemen in der Gegenwart geführt hat.

Aber so falsch die Schmidt'sche Behauptung ist, die Politik habe möglichst visionslos zu sein, so falsch wäre der Umkehrschluss, nämlich die Zukunft gegen die Gegenwart auszuspielen. Ein erweiterter Gerechtigkeitsbegriff, der das Leben zukünftiger Generationen mit einbezieht, der auf den ökologischen Imperativ von Hans Jonas zurückgeht, darf nicht verabsolutiert werden. Dann würden wir blind für die Ansprüche und Nöte der Gegenwart. Ein besseres Morgen entsteht im Hier und Jetzt. Das gilt umso mehr, als in einer Zeit des Sicherheitsverlusts – politisch, gesellschaftlich, ökonomisch – Fortschritt plötzlich wie eine Bedrohung klingt und Veränderung mit Überforderung gleichgesetzt wird. Das sehr ernst zu nehmen ist eine Lektion der vergangenen Jahre. Menschen sind eingekeilt in ihrem Alltag, zwischen Arbeit, Kindern, Eltern und Haushalt. Hohe Inflation heißt weniger Geld, um den Alltag zu bestreiten, die Miete zu zahlen. Gerade junge Menschen, Familien in Großstädten leiden unter Wohnungsnot. Die Ressourcen sind endlich, die finanziellen wie die emotionalen. Die Angst vor Verlust ist mächtig. Und je größer die Umbrüche, desto größer die Angst.

Die politischen Debatten, die sich an neuen Techniken, an verändertem gesellschaftlichem Verhalten entzünden, sind bei genauem Hinsehen oft ein Widerspruch zwischen zwei Zeithorizonten. Einmal der Gegenwart, einmal der Zukunft. Wenn man eine Einspritzdüse für einen Dieselmotor in der Hand hält, dann kann man nicht anders als staunen. Spitzentechnik made in Germany! Der Verbrennungsmotor ist durchoptimierte Technik. Warum soll man den nicht weiter einbauen und verkaufen? Die Antwort – weil wir mit dem batterieelektrischen Antrieb einen Beitrag zur Klimaneutralität 2045 leisten – steht im krassen Konflikt zu der Sorge in der Gegenwart. Der eigene Diesel funktioniert doch, E-Autos sind (noch) teurer in der Anschaffung, dafür fehlt vielleicht das Geld, und was ist mit dem dauernden Laden? Und eine weitere Sorge: die um Arbeitsplätze, um die eigene Gegenwart und Zukunft in einem. Gleiches gilt für den Ausstieg aus der Kohle oder den verstärkten Einsatz von künstlicher Intelligenz.

Die Sorgen sind mit den Händen zu greifen. Ende September 2024 stehe ich auf einer Bühne, Hunderte Arbeiter mit gelben Helmen, blauen und roten Jacken füllen die große Halle der Meyer Werft in Papenburg. Bis vor wenigen Tagen hing die Insolvenz als Damoklesschwert über ihnen, vor allem weil die Inflation die Preise für Material und Arbeit in die Höhe getrieben und das zu massiven Finanzierungsproblemen geführt hat. An diesem Spätsommertag wissen die Werftarbeiter schon, dass Bund und Land die Insolvenz abwenden und bei der Werft einsteigen werden. Doch die Stimmung ist verhalten, die Angst der vergangenen Wochen hängt noch in der Luft wie Nebel. Verunsicherung ist zu spüren, weil die Männer und Frauen wissen, dass trotz Rettung nicht alle werden bleiben können. Am Tag darauf besuche ich ein VW-Werk in Emden, kurz nachdem der Konzern einen deutlichen Stellenabbau angekündigt hat – als Folge von Managementfehlern und des verschleppten Umstiegs auf E-Mobilität. Mich empfangen vor dem Gebäude Arbeiterinnen und Arbeiter, Gewerkschafter, freundlich, aber auch sie angespannt, weil sie um den Standort, ihre Arbeit bangen. Und da sind die vielen Stahlarbeiterinnen und Stahlarbeiter, die ich im Laufe der drei Jahre getroffen habe. Sie kämpfen für eine klimaneutrale Produktion von Stahl, weil sie sicher sind, nur dann eine Perspektive zu haben. Es sind Menschen mit Familien, Menschen, deren Eltern, Großeltern, teils Urgroßeltern in diesem oder jenem Betrieb gearbeitet haben, die zu Recht stolz auf das sind, was sie geschaffen haben.

Geschaffen im wahrsten Sinne des Wortes. Autos oder Schiffe, bei denen man viele Minuten braucht, um vom Bug zum Heck zu gelangen, so groß sind sie. Stahl, der in unzähligen Produkten steckt. Tradition, Qualität und Identität von Menschen, von Regionen – all das steht unter Druck, im Hier und Heute.

Man kann sich natürlich achselzuckend hinstellen und sagen: So ist das nun mal, das ist der Strukturwandel. Energieintensive Industrie in Deutschland – die ist doch viel zu teuer, und dann geht sie eben weg. Diese Stimmen gibt es. Meist sprechen sie das nicht aus, sondern wettern gegen Subventionen. Aber was sie meinen, ist genau das: dass die Unternehmen und Menschen im Strukturwandel nur auf sich selbst angewiesen sind. Ja, Strukturwandel hat es immer gegeben und es wird ihn in einer Marktwirtschaft auch immer geben. Aber allein lassen dürfen wir die Menschen damit nicht. Und blauäugig sein auch nicht. Ich will, dass wir bestimmte Produktionsfähigkeiten aus Gründen der Wirtschaftssicherheit hier im Land und in Europa halten. Und ich will nicht zulassen, dass China mit strategisch geschaffenen Überkapazitäten unsere Industrie vom Markt drängt.

Wir führen die Debatte falsch, wenn wir uns gegenseitig entweder Klimawandelleugnung oder Klimaideologie, Zukunftsvergessenheit oder Gegenwartsleugnung vorwerfen. Wir können sie produktiver führen, wenn wir nicht nur an die Erfordernisse der Zukunft denken, sondern auch das Jetzt sehen – mit seinen unmittelbaren Aufgaben, seinen Herausforderungen wie den positiven Effekten. Wenn wir nicht nur daran arbeiten, dass es in einem fernen Morgen gut wird, sondern im Hier und Heute.

Die geballten Veränderungen, die wir erleben, werden dabei allzu leicht allein auf Klimaschutz zurückgeführt. Der ist aber nur die Folge, nicht die Ursache. Nicht Klimaschutz bedroht uns, sondern die immer schneller laufende globale Erderwämung. Wir müssen auch so ehrlich sein und aussprechen, dass die Klimakrise bedeutet, dass nicht alles so bleiben kann und wird, wie es ist. Die Eindämmung der Erderhitzung zwingt uns zu grundlegenden Veränderungen in der Art, wie wir wirtschaften, wie wir Energie produzieren. Diese Veränderungen sind mitten im Gange. Und es ist politische Aufgabe, den Umstieg hin zu Klimaschutz möglichst einfach zu gestalten. So, dass möglichst viele Menschen davon profitieren. So, dass diejenigen, die nicht viel haben oder verdienen, eine stärkere Unterstützung bekommen – so, wie wir es beim Gebäudeenergiegesetz möglich gemacht haben.

Auch wird von den Leugnern und Verächtlichmachern des Klimaschutzes übersehen oder übergangen, dass es schon jetzt erhebliche persönliche und finanzielle Vorteile durch Klimaschutz gibt, etwa durch eine bessere Nutzung der erneuerbaren Energien im eigenen Alltag. Die Zulassungen für Balkonsolaranlagen sind stark vereinfacht worden, es wird leichter, auch eigenen Strom zu nutzen. Wenn man Solaranlagen mit Batteriespeichern und Wärmepumpen kombiniert, reduziert man seine Energierechnung. E-Autos mögen zwar in der Anschaffung noch teurer sein, aber im Betrieb sind sie günstiger. Man spart die Kfz-Steuer, man bekommt Geld für eingesparte Treibhausgase, wenn man sie als Treibhausgas-Zertifikate verkauft. Und jetzt kommt noch dazu, dass man elektrische Autos wie Batterien nutzen, Strom wieder ins Stromnetz ausspeichern und damit Geld verdienen kann. Es können inzwischen leichter Bürgerwindparks gebaut werden, von denen nicht Großkonzerne profitieren, sondern die Menschen, die vor Ort leben. Wir haben eine Regel eingeführt, dass die Kommunen an den Gewinnen beteiligt werden können, sodass die Erträge der Windmühlen die Sanierung der Schule oder den Kitaausbau finanzieren. Unternehmen können den Strom von Wind und Sonne ohne Netzentgelte und Steuern beziehen, wenn sie eine direkte Leitung zu sich legen. Und jetzt müssen die Energieversorger variable Stromtarife anbieten, sodass die günstigen Strompreise auch in den Haushalten ankommen.

All das hat zu einer erhöhten Nachfrage an erneuerbaren Energien, vor allem aber zu einer neuen Teilhabe an ihnen geführt. Dazu kommen all die Arbeitsplätze, die neu entstehen. Nicht morgen. Heute. Hunderttausende.

Während Deutschland damit beschäftigt war, sich von seiner dramatischen Abhängigkeit von russischem Gas zu befreien, haben andere Länder jede Menge investiert. Man spricht immer von Zukunftsinvestitionen, aber die Investitionen finden ebenfalls im Hier und Jetzt statt. In der Gegenwart. Die USA haben unter Joe Biden ein massives öffentliches Subventionsprogramm für neue Technologien aufgelegt. China subventioniert, verdeckt über billigen Zugang zu Rohstoffen, Land, Kapital, die Produktion von Solaranlagen, Windturbinen, Batterien und Stahl, auch grünem, und baut gigantische Überkapazitäten auf, um sich Vorteile auf den Märkten der Zukunft zu verschaffen. Immer geht es um die Technik von morgen. Klimaneutralität ist zu einem umkämpften globalen Wettbewerb geworben. China führt ihn mit großer Entschlossenheit und viel Geld, die USA haben das in den vergangenen Jahren auch getan. Das Gleiche gilt für die künstliche Intelligenz. Wir brauchen in Deutschland und Europa mehr Tempo, Entschlossenheit und Verlässlichkeit, um nicht uneinholbar abgehängt zu werden. Die Absatzprobleme der deutschen Automobilkonzerne liegen ganz sicher nicht daran, dass sie zu schnell auf die neue Technik gesetzt haben. Und wenn wir jetzt nicht auf eine grüne Stahlproduktion umsatteln, wird es keine Stahlproduktion in Deutschland mehr geben.

Die ökonomische Bedrängnis unserer Zeit hat verschiedene Ursachen – konjunkturelle nach dem Wegfall des russischen Gases, infrastrukturelle durch fehlende Investitionen in den vergangenen Jahren und Jahrzehnten, strukturelle unter anderem durch den demografischen Wandel. Aber das Hauptproblem ist, dass wir es nicht geschafft haben, neue Branchen bei uns entstehen zu lassen. Die Unternehmen, die wir haben – zum Teil sind sie Weltmarktführer –, sind im Wesentlichen dieselben wie seit Jahrzehnten. Viele stehen solide im Markt, und die meisten sind dabei, sich grundsätzlich zu transformieren. Der Maschinenbau liefert seine Maschinen in die ganze Welt, die besten Gasturbinen kommen von Siemens. Die Kraft unseres Maschinenbaus und unserer Automobilindustrie passte gut in die Nullerjahre, in denen Unternehmen in aller Welt ihre Maschinenparks erneuerten und die Menschen sich immer größere Fahrzeuge leisten konnten. Auch die USA und China haben solche Unternehmen.

Der Unterschied ist: Bei ihnen sind jede Menge neue hinzugekommen. Einige wenige auch bei uns. Aber es sind Ausnahmen: Flixbus und Zalando, in der Pharmaindustrie BionTech und andere, in den erneuerbaren Energien zum Beispiel Enercon, Nordex und Siemens Energy. Letztere hat prallvolle Auftragsbücher und wie andere, zum Beispiel Thyssenkrupp, neue Tochterunternehmen für die Produktion von Elektrolyseuren gegründet. Aber die erste digitale Revolution ist fast vollständig an Deutschland und Europa vorbeigegangen, und wenn wir nicht aufpassen, dann wird es mit der zweiten, die der künstlichen Intelligenz, ebenso laufen. Die großen Techkonzerne kommen alle aus den USA, China holt nun auf. Und auch im klassischen Bereich des Automobilbaus wird deutsche Technologieführerschaft durch die E-Mobilität hart herausgefordert. Nicht überall, aber doch in den Massenkundensegmenten. Ähnliches gilt für Halbleiter, die Batterietechnik, autonomes Fahren.

Veränderung, Innovationsfreude, die Bereitschaft, Neues zu tun, sind also nicht nur gut für eine abstrakte oder ferne Zukunft, sie sind gut für das Hier und Heute.

Der Blick auf die Gegenwart schließt die Fiskalpolitik mit ein. Auch die deutsche Schuldenbremse leitet sich ja von einer Verpflichtung für die Zukunft ab. Wir wollen unseren Kindern und Kindeskindern keinen überschuldeten Staat hinterlassen. Aber das Argument übersieht zweierlei: Erstens, dass es auch eine Verpflichtung gegenüber künftigen Generationen gibt, ihnen ein Land zu übergeben, das in Schuss ist, ihre Lebensgrundlagen durch Klima- und Umweltschutz zu erhalten, ihnen mit guter Bildung Chancen zu eröffnen. Und zweitens, dass inzwischen die fehlenden Investitionen jetzt und hier als Schulden in der Gegenwart aufgelaufen sind. Wir erleben es alle – in Schulen und Universitäten regnet es rein, Brücken fallen in sich zusammen, Bahnschienen sind marode. Das Haus Deutschland braucht eine Grundrenovierung.

Wo wir bei Häusern sind: Der Satz der Altbundeskanzlerin, eine schwäbische Hausfrau wisse, dass sie nur das Geld ausgeben könne, das sie habe, ist bekannt. Das Problem mit diesem Satz ist: Er stimmt nicht. Gleich mehrfach nicht. Zum einen wäre die schwäbische Hausfrau keine Haus-Frau, wenn sie keins hätte (sicher, es gibt auch Hausfrauen und inzwischen sicherlich auch Hausmänner, die in einer Mietwohnung leben, aber ich nutze mal den schwäbischen Spruch: Schaffa, schaffa, Häusle baua ...). Und wie wird sie ein Haus gebaut oder erworben haben, wenn sie kein Vermögen geerbt hat? Vermutlich mit einem Kredit. Und ihre Tochter, die vielleicht nicht Hausfrau werden möchte, sondern ein Unternehmen gründen will, wird dafür ebenfalls einen Kredit aufnehmen. Das ergibt auch ökonomisch Sinn, solange die späteren Verdienste und Einnahmen höher sind als die Tilgung plus Zinsen. Genau das gilt auch für Deutschland (auch wenn ein Privathaushalt natürlich nicht dasselbe wie ein Staatshaushalt ist).

Aber nun braucht das Haus ein neues Dach. Wird die schwäbische Hausfrau warten, bis es einstürzt, weil sie nur Geld ausgibt, das sie hat? Nein, sie wird sich zur Not Geld leihen. Für das Haus Deutschland plädieren BDI, EZB, OECD, Bundesbank und die überwältigende Mehrheit der Ökonominnen und Ökonomen für eine zeitgemäße Anpassung der Fiskalregeln. Es stellt sich die Frage, ob wir tatsächlich glauben, dass wir die Dacharbeiten und alle anderen Investitionen mit den Spielregeln einer Zeit bewältigen können, in der wir bei Weitem nicht genug investiert haben.

Im Jahr 2009, nach der Weltfinanzkrise 2007 / 2008, die von Regierungen auf der ganzen Welt durch die Rettung der Banken und durch umfangreiche Konjunkturprogramme bekämpft wurde, wodurch der Schuldenstand nach oben getrieben wurde, auch in Deutschland, wurde die Schuldenbremse ins Grundgesetz und in die Verfassungen der Bundesländer geschrieben. Sie regelt im Kern die Haushaltsführung von Bund und Ländern und besagt, vereinfacht formuliert, dass Einnahmen und Ausgaben in Normalzeiten in Übereinstimmung zu bringen sind. Viele waren damals der Meinung, dass das richtig sei. (Die Grünen im Bundestag stimmten allerdings dagegen.) Auch ich meine, dass es richtig ist, sorgsam mit staatlichem Geld umzugehen, nicht mit Konsumausgaben zu aasen und die Schuldenlast für die künftigen Generationen nicht überbordend werden zu lassen. Es geht für mich deshalb nicht darum, die Schuldenbremse oder die europäischen Fiskalregeln abzuschaffen, sondern sie an die neue Zeit und ihre Erfordernisse anzupassen.

Der politische Kern der Debatte ist also: Ist das, was im Jahr 2009 vielen richtig erschien, heute noch richtig? Heute sehen wir in Deutschland, dass die Entschuldung der öffentlichen Haushalte zu einer Schuld beim Zustand von Bahn und Brücken, Bildungseinrichtungen, Bundeswehr und Digitalisierung geführt hat.

Sicher, es gibt zu Recht die Erwartung, dass die Politik sorgsam und sorgfältig wirtschaftet. Dass sie Ausgaben kritisch prüft. Denn dieses Geld stammt von den Bürgerinnen und Bürgern, sie kommen mit ihren Steuern und Abgaben dafür auf. Vor dieser Aufgabe darf sich Politik nicht drücken. Aber man darf sich auch nichts vormachen: Wenn es konkret wird, wird es schwierig, und ich bezweifle, dass sich alle, die das Wort »priorisieren« – Politsprech für »sparen« – im Munde führen, vor Augen halten, was das heißt. Ende 2023 entschieden wir in der Ampelregierung, den Agrardiesel der Bauern nicht mehr zu subventionieren und dass andere Aufgaben priorisiert werden sollen. Für die Landwirte war das eine Einsparung. Es ging um ungefähr 450 Millionen Euro, das ist ein Promille des Bundeshaushaltes. Und diese Einsparung versetzte im Winter 2023 / 24 das halbe Land in Aufruhr.

Das zeigt, wie schwierig es ist, im bestehenden Haushalt Spielräume freizukriegen. Aber wie bei anderen schwierigen Dingen muss man sich dem auch stellen. Man kann Programme zusammenlegen oder auch aufgeben, um Kosten zu sparen. Wir könnten und sollten in Zeiten des Fach- und Arbeitskräftemangels dafür sorgen, dass mehr Bürgergeldbezieher und Geflüchtete ihren Lebensunterhalt selbst verdienen. Damit entlasten wir den Haushalt gleich doppelt.

Man kann auch an der ein oder anderen Stelle bei den Steuern ansetzen und energischer gegen Steuerhinterziehung vorgehen. Milliardenschwere fossile Energiekonzerne sollten sich zum Beispiel stärker an der Finanzierung der Aufgaben der Gegenwart, etwa dem Eindämmen der weltweiten Klimaschäden, beteiligen. Die Ölbranche hat seit den 1970er-Jahren astronomische Gewinne gemacht.

Große, international operierende Unternehmen haben viele Möglichkeiten, Steuern zu sparen, indem sie Schlupflöcher nutzen und Gewinne am Fiskus vorbei anlegen. Lange dachte man, man könne da nichts machen. Dann wurde die globale Mindeststeuer für Unternehmen eingeführt. Und siehe da, man kann etwas machen! Ein neuer Vorschlag aus dem G-20-Kreis, ausgearbeitet von dem französischen Ökonomen Gabriel Zucman, sieht eine globale Steuer für Milliardäre vor, damit auch die

Superreichen ihren fairen Anteil zur Finanzierung der Gemeinwesen beitragen. Würde man sie in Deutschland anwenden, hätten wir laut Schätzungen des Ökonomen Marcel Fratzscher jährlich knapp sechs Milliarden Euro zusätzlich – Geld, das zum Beispiel für Bildung zur Verfügung stehen könnte.

Andere Bereiche der Steuerpolitik wären zu nennen, die dazu beitragen, dass Reiche immer reicher werden: Es gibt sehr viele Ausnahmen bei der Erbschaftsteuer, die zum Beispiel dazu führen, dass Kinder, die die Bäckerei ihrer Eltern übernehmen, höher besteuert werden als die Erben von Lebensmittelkonzernen. Über den Kauf und Verkauf von Immobilien kann man Steuern sparen. Wenn Aktien von Wohnungsunternehmen gekauft werden, kann man Grunderwerbsteuern sparen. Arbeit ist zum Teil deutlich höher besteuert als Kapitaleinkünfte. Man sieht also, es ist nicht so, dass der Staat alle Einnahmemöglichkeiten ausgeschöpft hat, dass das Steuersystem nur gerecht ist und Leistung sich lohnt.

Aber auch solche Reformen werden nicht alle Nöte der Gegenwart beheben. Und eine pauschale Steuererhöhung in einer Wirtschaftskrise und in einer Zeit, in der nicht nur der Staat, sondern auch viele Bürgerinnen und Bürger und Unternehmen große Summen investieren müssen, ist falsch. Deshalb gibt es die Debatte um die Schuldenbremse. Sie war die Antwort auf ein Problem in der Vergangenheit. Jetzt verhindert sie die Antwort auf ein anderes Problem in der Gegenwart.

Um private Investitionen zu fördern, wäre das beste Instrument eine Investitionsprämie. Diese funktioniert wie zehn Prozent Rabatt auf alles. Neue Maschinen, eine neue Software für künstliche Intelligenz, Energiemanagementsysteme werden zehn Prozent günstiger. Entweder rechnen die Unternehmen sie gegen ihre Steuerschuld oder die Differenz beziehungsweise die komplette Prämie wird ausgezahlt – wenn Letztere höher als die Steuerschuld ist oder das Unternehmen gar keine Gewinne macht, zum Beispiel weil es ein Start-up ist oder gerade eine schwierige wirtschaftliche Zeit durchläuft. So erhalten auch Unternehmen die Prämie, die noch oder augenblicklich keine Gewinne machen.

Solch ein Modell hat gegenüber allgemeinen Unternehmenssteuersenkungen, wie sie Union und FDP fordern, den Vorteil, dass es wirksam und schnell Investitionen anreizt. Man bekommt die Gutschrift nur, wenn man investiert. Allgemeine Steuersenkungen hingegen laufen Gefahr, nicht rasch zu wirken, denn man kann das eingesparte Geld ja auch einfach behalten und sparen. Deutschland und Europa müssen aber schnell innovativer werden. Und das passiert am besten, indem neue Technik angeschafft wird, in sie investiert wird.

Diese Prämie würde aus einem Sonderfonds vorfinanziert. Vorfinanziert, weil das mit ihr generierte höhere Wirtschaftswachstum dafür sorgen würde, dass die Staatsverschuldung im Verhältnis zur Wirtschaftsleistung nur moderat ansteigen würde.

Außerdem sollte mit diesem Fonds unsere Infrastruktur auf Vordermann gebracht werden. Ob Energie- und Kommunikationsnetze, Verkehrswege oder Bildungseinrichtungen – öffentliche Infrastrukturen sind die Lebensadern unserer Wirtschaft und Gesellschaft und essenzieller Teil des volkswirtschaftlichen Kapitalstocks. Traditionell waren leistungsfähige Infrastrukturen ein deutlicher Standortvorteil Deutschlands – ein Vorteil, der jedoch zunehmend erodiert. Schwerpunkte dieser zusätzlichen staatlichen Investitionen in die öffentliche Infrastruktur sollten der Verkehr, Schiene und Straße, Bildung und Forschung, Digitalisierung und die Senkung der Netzentgelte sein.

Schätzungen gehen davon aus, dass bis Ende des Jahrzehnts zusätzliche öffentliche Investitionen insbesondere in Schiene und Straße in einer Größenordnung von deutlich über hundert Milliarden Euro erforderlich sind. Für Bildung und Forschung wird geschätzt, dass bis 2030 allein über siebzig Milliarden Euro an zusätzlichen Investitionen notwendig sind, um Mängel bei Kita-, Schul- und Hochschulgebäuden zu beseitigen. Für den Ausbau der digitalen Infrastruktur werden sechzig Milliarden Euro an nötigen Mehrinvestitionen geschätzt.

Und beim Aufbau des klimaneutralen Energiesystems schultert Deutschland innerhalb von zwei Jahrzehnten eine Aufgabe, von der etliche Generationen profitieren werden. Die Kosten dafür dürfen nicht länger nur die Verbraucher und Wirtschaft von heute belasten, weil sie bisher auf die Stromkunden umgelegt werden. Das ist falsch. Strom wird immer häufiger erneuerbar erzeugt. Er muss immer günstiger werden, damit auch Verkehr und Wärme klimaneutral werden. Die Finanzierung der Netze sollte analog zu dem langen Nutzen über einen langen Zeitraum gestreckt werden. Es ergibt keinen Sinn, Investitionen, die in Jahren erst ihre ganze Wirksamkeit entfalten, Infrastruktur, die für unsere Enkel gebaut wird, und die Anstrengungen für Klimaneutralität im Jahr 2045 der Wirtschaft und den Bürgerinnen und Bürgern im Hier und Jetzt aufzubürden. Das ist ein verkürzter Begriff von Zeit, das ist Gegenwartsblindheit.

Gegenwart und Zukunft dürfen nicht einfach gegeneinanderstehen, sodass die Zielkonflikte unauflösbar werden. Vielmehr sieht man an den drei Feldern Erneuerbare, Wirtschaftskraft und Schuldenbremse, dass mit zu viel Fixieren auf die Zukunft die Gegenwart ins Hintertreffen gerät. Ohne Zukunftsbegriff agieren wir blind, aber ein Zukunftsbegriff ohne Anschauung der Gegenwart ist leer.

DIE DINGE EINFACHER MACHEN

Bei meinen Reisen durch Deutschland höre ich immer wieder haarsträubende Geschichten über die ausufernde Bürokratie. Manche klingen wie Schildbürgerstreiche. Bei einer Podiumsveranstaltung in Bielefeld zum Beispiel berichtete ein Unternehmer, dass er einen Förderantrag digital eingereicht habe. Als Antwort bekam er die Bitte, den Antrag zusätzlich noch auf Papier einzureichen, aber bitte nicht getackert, weil es so mühsam sei, die Tackerklemmen aufzubiegen, wenn die Dokumente eingescannt werden müssen. Erst reicht die digitale Version nicht, es muss auch die altmodische analoge sein. Dann soll die analoge digitalisiert werden.

Ein Restaurantbesitzer wollte einen Koch aus Thailand einstellen. Dieser wollte auch kommen, aber ihm wurde das Einreisevisum verweigert, weil es eine Regelung gab, dass mindestens neunzig Prozent der Speisen auf der Speisekarte ausländisch sein müssen, wenn man einen ausländischen Spezialitätenkoch einstellt. Wir haben einen massiven Fachkräftemangel, auch im Gaststättengewerbe. Aber eine absurde Speisenkartenvorschrift verhindert, dass Koch und Restaurantbesitzer miteinander arbeiten dürfen.

Bei einem Besuch in meinem Wahlkreis erzählte mir ein Bauherr, dass in Deutschland – anders als in anderen Ländern – Erdaushub für den Keller als Sondermüll deklariert und teuer entsorgt werden muss. Dabei ist es nur Mutterboden, weder verseucht noch belastet.

In einer Planungssitzung wurde ich einmal gebeten zu raten, wie viele Seiten Papier durchschnittlich für die Genehmigung von hundert Kilometern Stromtrasse nötig seien. Ich riet falsch. Die Antwort war, so erinnere ich mich, neunzehntausend Seiten. Ich lachte und sagte, das würde doch niemand lesen. Das wurde mit Kopfschütteln quittiert – doch, deshalb würden die Genehmigungen so lange dauern.

Das sind Anekdoten aus den vergangenen drei Jahren. Unzählige andere könnte ich erzählen. Diese hier sind nicht mehr aktuell. Förderanträge für Wärmepumpen werden digital eingereicht und inzwischen auch digital innerhalb von drei Minuten entschieden. Die Vorgabe für eine feste Quote von ausländischen Gerichten auf deutschen Speisenkarten wurde gestrichen. Die Planungsverfahren für den Stromnetzausbau wurden vereinfacht, und inzwischen liest eine künstliche Intelligenz all die Seiten.

Wir haben in meinem Ministerium mit Praktikern Informationspflichten durchforstet und etliche abgeschafft oder vereinfacht. Wir haben Praxis-Checks entwickelt und eingeführt: Unsere Mitarbeiterinnen und Mitarbeiter setzen sich mit den Betrieben einzelner Branchen und den Behörden aus Ländern und Kommunen zusammen und durchforsten gemeinsam all die Verordnungen, Verfahrensanweisungen, Informations- und Berichtspflichten mit der Frage: Kann das weg? Geht es einfacher? Die Ergebnisse werden protokolliert und anschließend, wo immer möglich, Dinge gestrichen und Verfahren vereinfacht. So haben wir es bei der Solarenergie gemacht, bei Schwerlasttransporten, so machen wir es bei der Gründung von Unternehmen, beim Lebensmittelhandwerk, beim Gastgewerbe, jeweils mit Kollegen aus einzelnen Bundesländern zusammen. Inzwischen mit einigem Erfolg. Die anderen Bundesministerien haben versprochen, Praxis-Checks auch bei sich einzuführen, die Europäische Kommission hat sie sich als neues Instrument auf die Fahnen geschrieben. Der Normenkontrollrat, die Instanz, die prüft, ob Deutschland beim Bürokratieabbau wirklich vorankommt, bescheinigt, dass es eine Trendwende bedeutet, wenn alles umgesetzt würde wie geplant. Und er macht auch deutlich, dass wir gerade mit dem Instrument der Praxis-Checks wirklich etwas erreichen können. Aber richtig ist auch: Es braucht extrem harte

Arbeit und Durchhaltewillen, denn es kommt immer Neues hinzu. Und in der Summe ist es zu viel. Viel zu viel.

Wir haben uns eingebuddelt in einem Berg von Vorschriften, die das Land unflexibel machen und die die Menschen nerven. Aber Bürokratie ist wie eine Hydra: Schlägt man einen Kopf ab, wachsen sofort zwei neue nach.

Ja, wir sind in den vergangenen drei Jahren schon deutlich vorangekommen. Die Energieinfrastruktur wird inzwischen deutlich schneller gebaut als vor zwei Jahren – Stromtrassen, Windkraftanlagen. Auch die Wasserstoffnetze werden zügig gebaut werden können. Wir haben Arbeitsverbote für Geflüchtete weitgehend abgeschafft und bei den Arbeitserlaubnissen deutliche Vereinfachungen auf den Weg gebracht. Aber vieles ist noch zu kompliziert, auch Visa-Genehmigungen dauern noch zu lang.

Was viele ebenfalls in den Wahnsinn treibt, ist die Datenschutzbürokratie. Gerade in einer Zeit, in der Unternehmen das große Potenzial von Datenwissen für Innovationen gut nutzen können, versperrt ein komplexes Gebilde von Vorschriften, Doppelregulierung, Auslegungen und siebzehn Landesbehörden (Bayern hat zwei) den Weg. Datenschutz hat ohne Frage seine Berechtigung, aber auch hier gilt: einfacher, einheitlicher, verlässlicher machen. Es wäre sinnvoll, wenn es für bestimmte Themen eine klare Federführung eines Bundeslandes gäbe, damit Start-ups zum Beispiel bei der Nutzung von pseudonymisierten Gesundheitsdaten nicht für jede Klinik wieder neu mit der jeweils zuständigen Landesbehörde verhandeln müssen. Oder damit die Digitalisierung in den Schulen besser vorankommt – viele Jugendliche, viele Eltern können sicher ein Lied davon singen.

Nach drei Jahren im Amt verstehe ich wirklich jeden, der über Bürokratie flucht. Ich selbst könnte oft genug in die Tischkante beißen, wenn ich sehe, wie kompliziert Dinge sind. Ich habe mir im ersten Jahr zum Beispiel mal den Fragebogen, den Unternehmen zum Einhalten des Lieferkettenkontrollgesetzes ausfüllen müssen, vorlegen lassen – das war wirklich zu viel. (Ich habe dann selbst etliches gestrichen, damit war mein langer Kampf gegen den Fragebogenwust eröffnet.) Und wenn mir dann kleine Betriebe erzählen, dass große ihre Berichtspflichten einfach an sie weiterreichen, geht mir die Hutschnur hoch. Auch das gehört inzwischen zu meinem persönlichen Kampffeld – das Elend der Berichtspflichten und die Verantwortungsweitergabe von großen an kleine und mittlere Betriebe, für die der Aufwand viel schwerer zu bewerkstelligen ist. Eines möchte ich dabei aber nicht missverstanden wissen: Bürokratieabbau wird von manchen nur allzu gern genutzt, um Schutzstandards abzuschaffen oder zu schleifen – nach dem Motto: Was schert es uns, wenn Kinder in anderen Ländern ausgebeutet werden? Ich halte es für eine wichtige Errungenschaft, dass Deutschland und künftig auch die Europäische Union Produkte, die durch Kinderarbeit, Ausbeutung von Menschen und Umwelt entstanden sind, nicht im Binnenmarkt haben will und dass wir dem Wettlauf um niedrige Standards Einhalt gebieten. Es braucht klare Regeln, klare soziale und ökologische Standards. Sie sind ein notwendiger Fortschritt.

Aber wir müssen die Dinge einfacher machen. Das ist eine weitere Lektion aus den vergangenen Jahren. Und natürlich – wie immer – schließt sie auch mich mit ein. Auch ich habe in Brüssel unglaublich komplizierten Vorschriften zur Klassifizierung von Wasserstoff zugestimmt (die ich jetzt versuche, teilweise wieder zurückzunehmen). Auch ich habe bürokratisch aufwendige Gesetze in den Bundestag eingebracht (die wir gerade durchflöhen, ob man sie schlanker und damit die Verfahren schneller machen kann).

Will man Bürokratie effizient abbauen, muss man aber ein paar Dinge berücksichtigen. Es braucht *erstens* einen langen Atem und viel Disziplin. Die Praxis-Checks sind der Anfang der Anstrengung, alte Berge abzutragen. *Zweitens* sollten wir, wenn wir keine neuen mehr aufbauen wollen, stärker vom Bürger, von der Unternehmerin aus denken, nicht von den Paragrafen her: Funktioniert es, versteht man es, ist es anwendbar? Also einen Praxis-Check am besten schon gleich bei neuen Gesetzen durchführen. Das käme einer kleinen Kulturrevolution gleich, denn Gesetzestexte werden eigentlich seit Ewigkeiten so geschrieben, dass man sie nur mit Jurastudium verstehen kann. Und sicher kann keiner versprechen, das so rasch zu ändern. Aber wir können versuchen, die Denkrichtung umzukehren: Die Regeln sind für die Menschen da, nicht die Menschen für die Regeln. Der Begriff Staatsdiener würde so ganz neu gedacht: ein Staat zu Ihren Diensten.

Das ist sicher nichts, was von heute auf morgen geht, aber ich würde es gern als Leitstern vor Augen haben und daran arbeiten.

Drittens geht es um Vertrauen: Müssen wir alles bis ins Letzte kontrollieren, oder können wir den Bürgerinnen und Bürgern, den Unternehmen nicht mehr Vertrauen schenken? Vertrauen verlangt dabei aber auch Verantwortung, nämlich Eigenverantwortung. Weniger Berichtspflichten, dafür mehr Eigenverantwortung bei der Einhaltung von Regeln und dann klare und konsequent durchgesetzte Sanktionen bei Nichteinhaltung – das sollte die Devise werden. Auch das ist ein langer und sicher auch streitbarer Weg. Denn etliche Wirtschaftsvertreter, so berichten es ehemalige Minister aus der Großen Koalition, waren bei der Einführung des jetzt so gescholtenen Lieferkettengesetzes gerade hier kritisch. Aus

Angst vor Klagen haben sie also selbst dafür geworben, dass es die bürokratischen Berichtspflichten gibt. Nun, da muss man sich jetzt entscheiden. Eigenverantwortung oder ausgelagerte Verantwortung durch Berichte an Behörden. Keinesfalls akzeptabel ist eine Lösung zulasten der Schwächsten und der Umwelt. In der Zwischenzeit sollten wir dafür arbeiten, dass die Regeln einfacher umsetzbar werden. Deshalb setze ich mich dafür ein, dass bei Ländern mit rechtsgleichen Standards wie der EU keine detaillierten Berichte nötig sind.

Will man Bürokratie abbauen, muss man *viertens* verstehen, was zu ihrer schieren Menge geführt hat. Und es klingt zunächst paradox: Bürokratie, auch Unternehmensbürokratie, entsteht nicht, weil irgendwer irgendwas falsch gemacht hat, sondern weil alle immer alles richtig machen wollen. Das gilt in allererster Linie für den Staat. Und das ist ja auch ein guter und notwendiger Anspruch. Man stelle sich vor, jede zweite Baugenehmigung wäre fehlerhaft, jeder dritte Förderbescheid müsste zurückgerufen werden. Man muss sich schon auf den Staat verlassen können. Und da sich Technik und Gesellschaft weiterentwickeln, kann man immer etwas mehr und anderes richtig machen wollen. Es gibt neue Messmethoden für Schadstoffe, also müssen sie angewandt werden. Denn wer will sich schon vorwerfen lassen, dass er Schadstoffe nicht reduziert hat? Es gibt neue Möglichkeiten, vom Aussterben bedrohte Arten zu identifizieren. Also müssen sie in die Prüfvorschriften. Wer will schon schuld sein, dass eine Art ausgerottet wurde, obwohl man es hätte verhindern können? Allergien und psychische Erkrankungen nehmen zu, Menschen verlangen, dass Gesundheitsauswirkungen im Arbeitsrecht oder im Immissionsschutz berücksichtigt werden. Daten können missbraucht werden, also bauen wir eine Regulierung auf, um den Umgang mit ihnen zu schützen.

Ich erwähne das alles nicht, um zu klagen, wie kompliziert alles ist, sondern damit wir zu einer Lösung kommen. Die liegt nicht darin, einen Schuldigen zu benennen – die EU, die Ampel, die GroKo –, sondern erst mal das Problem zu verstehen. Und die Lösung ist, Verantwortung nicht auszulagern, sondern zu übernehmen. Und das meine ich wörtlich. Denn wenn wir nicht alles ganz genau regeln wollen, dann heißt das, dass einiges ungeregelt bleibt. Wenn wir Entscheidungen erst dann treffen, wenn jeder Fehler ausgeschlossen ist, dann dauert es eben länger, bis sie gefällt werden. Soll es schneller und einfacher gehen, müssen wir etwas mehr Risiko zulassen. Natürlich müssen Sicherheitsstandards gewahrt sein: Brücken müssen sicher sein, Gebäude standfest.

Aber weniger detailliert regeln, was wie genau, und zwar nur so, zu geschehen hat, und etwas mehr Ermessensspielräume haben und nutzen – das wäre schon hilfreich. Natürlich stellt sich dann die Frage, wer dafür die Verantwortung übernimmt. Wenn meine Mitarbeiterinnen und Mitarbeiter wissen, dass ich sie anbrülle, wenn irgendetwas schiefgeht, dann fördere ich keine Entscheidungsfreude. Und wenn ich für alle meine Fehler immer nur anderen die Schuld gebe, wird sich niemand mehr vor mich stellen.

Wie besiegen wir also die Hydra? Nicht, indem wir wie Herakles alles abbrennen, sondern indem wir die Übernahme von Verantwortung fördern und zulassen. Und plötzlich wird die technische Frage, wie wir unser Land einfacher, besser und schneller machen, zu einer ganz großen. Denn Fehlertoleranz wird nur gelebt werden, wenn dies auch öffentlich geschieht.

Ich musste die Entscheidung, ob wir schwimmende Gasterminals anschaffen, schon treffen, bevor der russische Angriffskrieg begann und lange bevor Putin den Gashahn abdrehte. Wir mussten Gazprom Germania im Laufe eines Wochenendes unter Treuhandverwaltung stellen, um die Energieinfrastruktur zu sichern. Noch nie wurde so etwas gemacht, tausend Dinge hätten schiefgehen können. In einer Krise gilt es, permanent mit Unsicherheit zu leben. Aber entscheiden muss man. Wenn man aus Angst, Fehler zu machen, nichts macht, hat man schon verloren.

VON SUPERLATIVEN UND SPRACHLOSIGKEIT
oder
KÖNNEN WIR NICHT NORMAL MITEINANDER SPRECHEN?

In den vergangenen Jahren habe ich Hunderte, ja Tausende E-Mails, Nachrichten, Briefe bekommen – nicht nur zum Heizungsgesetz. Ich lasse mir hin und wieder Zeitfenster in meinen Kalender einbauen, um ein paar der Absender anzurufen. Meist am frühen Abend setze ich mich ans Telefon und schaffe es vielleicht, mit vier oder fünf Leuten zu sprechen, die mir geschrieben haben. Ich versuche, mich an die zu wenden, die nicht zufrieden mit mir sind. An die, die zornig oder verunsichert oder bedrückt sind, weil sie sich große Sorgen um ihre Zukunft machen: ob ihre vom Großvater gegründete Firma überlebt, ob die Energieversorgung durch Erneuerbare sicher ist, ob wir beim Klimaschutz ausreichend vorankommen, ob wir uns nicht mit der Unterstützung der Ukraine übernehmen. Und dann passiert meist das, was so häufig im direkten Kontakt passiert: Ein normales Gespräch entwickelt sich, in dem einer dem anderen zuhört, antwortet, nachfragt. Natürlich führt es nicht unbedingt zu einer gleichen Sicht auf die Dinge. Aber man redet von Mensch zu Mensch. Ich verstehe ein Problem besser, kann mir erklären lassen, was den Ärger auslöst, und kann selbst erklären, warum ich dies oder jenes getan habe.

Das zeigt vielleicht, wie wir alle eine bessere Kommunikation untereinander hinbekommen können. Wir sollten uns als Menschen mit unseren Fragen, Skrupeln, Ängsten, Wünschen und Meinungen ernst nehmen, raustreten aus den Rollen unserer jeweiligen Gruppe. Die da oben. Die Ossis. Die Bayern. Die Grünen. Die Schwurbler. Die Radfahrer. Das ist alles falsch und nicht hilfreich. Denn hinter jedem Zorn stehen ja ein Leben, eine Enttäuschung oder zumindest enttäuschte Hoffnung. Der Sound der Selbstgerechtigkeit dröhnt in den eigenen Echokammern am hohlsten.

Im Wahlkampf ist er in der Regel am lautesten. Dabei werden wir nur Antworten finden für das, was infrage steht, wenn wir uns selbst infrage stellen. Wenn wir uns nicht einmauern, in Gräben verschanzen.

Das sind meine Worte, den Gedanken aber formulierte ein netter pensionierter Polizist, den ich irgendwann 2024 anrief. Er wünschte sich mehr Gelassenheit und erinnerte mich an ein gutes Leitmotiv, das unter dem Namen Pareto-Prinzip bekannt ist. Es lautet, achtzig Prozent eines zu erreichenden Ziels werden mit zwanzig Prozent des Aufwands erreicht, die letzten zwanzig Prozent mit achtzig Prozent des Aufwands. Ich horchte auf. Das ist eine Chiffre für so vieles. Es sei dahingestellt, ob dieses Prinzip stimmt, ich will das gar nicht theoretisch vertiefen. Aber es ist sicher ein guter Merkzettel dafür, dass wir nicht zu pedantisch sein sollten, wenn wir ehrgeizig sind – dass wir auch mal fünf gerade sein lassen sollten. Dieses Achtzig- / Zwanzig-Prinzip ist vielleicht nicht nur ein guter Gradmesser dafür, wie wir unser Land einfacher machen, sondern auch, wie wir toleranter werden können – uns selbst und anderen Menschen gegenüber.

Die Soziologen Steffen Mau, Thomas Lux und Linus Westheuser haben in ihrem Buch *Triggerpunkte* analysiert, was eine Gesellschaft auseinandertreibt, warum Menschen so »getriggert« werden von Dingen, die in Wahrheit oft nur mittelwichtig sind. Die Antwort ist, dass wir für sie noch keine gemeinsame Sprache oder Streitkultur gefunden haben. Politische Korrektheit gibt es auf der progressiven wie auf der konservativen Seite. Benimmregeln und Sprachverbote auch. So wird beispielsweise in Sachsen das Gendern nach dem Willen des Kultusministeriums mit Punktabzug bei Klassenarbeiten belegt. Nun auch kein Beispiel für gelebte Toleranz und Lässigkeit (von Schulen, die für Nichtgendern Punkte abziehen, habe ich wiederum noch nie gehört).

Andersherum wird debattiert, ob Udo Lindenbergs »Sonderzug nach Pankow« mit geändertem Text aufgeführt werden soll, weil er Erich Honecker vor über vierzig Jahren als »Oberindianer« bezeichnet hat. Ich sehe da natürlich die Ernsthaftigkeit der Argumente, und es ist ein Fortschritt, dass wir anders über indigene Völker sprechen als vor vierzig Jahren. Trotzdem habe ich mich gefragt, ob Rock 'n' Roll nicht auch einfach mal Rock 'n' Roll sein kann.

Vor Kurzem spotteten meine Mitarbeiter über mich und zitierten den *Spiegel,* der mir eine kreative Verwendung des Superlativs bescheinigt hatte. Ich hatte von »offensten und vertrauensvollsten« Gesprächen gesprochen. Sie zogen mich auf und teilten mir mit, dass weniger Superlative ihre alleroberste und dringlichste Priorität sei. Ich habe ihnen zugesagt, dieses Ziel mit allergrößter Konsequenz zu verfolgen. Ich fürchte, dass das mit dem Abgewöhnen nicht so schnell geht …

Ich schreibe das, weil hinter dem Kampf gegen den Superlativ etwas Wichtiges steckt, das unsere Diskussionskultur – oder vielleicht besser: Diskussions-Unkultur – zunehmend bestimmt: die permanente Übersteigerung. Ein Dauerzustand der Erregung, und zwar auf höchster (sic!) Stufe. Der Superlativ ist etwas, das nicht mehr überboten werden kann. Übersetzte man ihn in Farben, wäre er schwarz oder weiß. Wird er zur Normalität, gibt es dazwischen nichts mehr: keine Schattierungen, Nuancen. Oder grammatikalisch: Der Positiv, also die Grundform, und der Komparativ verschwinden. Wir verlieren damit Sprache und betreten einen Raum der Sprachlosigkeit (in den noch weitere Türen führen – ich komme darauf zurück).

Es ist eine von Rechtspopulisten propagierte falsche Behauptung, dass man in Deutschland nichts mehr sagen dürfe. Gern verbunden mit Schlagwörtern wie Meinungs- oder Gesinnungsdiktatur. Die Meinungsfreiheit ist im Grundgesetz verankert, sie wird geschützt, und man kann sie vor Gericht einklagen. Die, die behaupten, dass sie nichts mehr sagen dürfen, sagen meist ziemlich viel, oft Falsches und manchmal auch Böses, allein schon, um die Empörungsspirale immer weiter zu drehen. Allerdings verfängt diese Behauptung immer mehr. Warum ist das so? Weil sie hineinzielt in eine verunsicherte Gesellschaft.

Ich habe überlegt, ob ich in diesem kleinen Buch den Genderstern benutze – wie in meinem letzten. Das heißt, erst habe ich gar nicht darüber nachgedacht, weil ich so nicht schreibe oder spreche. Sondern ich habe geschrieben, einfach so. Erst dann habe ich darüber nachgedacht, ob ich es nicht müsste. Und entschieden, es diesmal einfach zu lassen – vielleicht wegen des Achtzig- / Zwanzig-Prinzips und des Telefonats mit dem pensionierten Polizisten.

Wenn man darüber nachdenkt, warum die Art, wie wir sprechen, so umkämpft ist, sieht man eine Parallele zur Frage, warum wir uns in Deutschland überregulieren. Nicht, weil wir es schlecht, sondern weil wir es besonders gut machen wollen. Die weibliche Form in der Sprache ist wichtig, weil nicht zuletzt durch das, was wir sagen, Wirklichkeit geschaffen wird. Wenn immer nur von Gründern, Ingenieuren und Handwerkern gesprochen wird, darf man sich nicht wundern, dass Frauen in der Start-up-Szene unterrepräsentiert sind, Mädchen seltener technische Berufe erlernen und es so wenig Automechanikerinnen oder Dachdeckerinnen gibt. Durch die weibliche Form sollen alle angesprochen werden, und durch den Genderstern sollen sich neben Männern und Frauen auch nichtbinäre Personen mitgemeint fühlen. Doch die gute Intention schlägt immer häufiger ins Gegenteil um. Es fühlen sich eben nicht *alle* gemeint, sondern für manche oder viele fühlt es sich fremd an. Oder aufgesetzt. Oder verkopft, wenn Menschen den Stern oder Doppelpunkt mitsprechen. Sicher spielt auch eine Rolle, dass es – wie so häufig bei Neuerungen – eher ein gewisses Milieu ist, das gendert. Was für sie zu einer Selbstverständlichkeit geworden ist, ist für andere fremd. So kommt es zu einer Verunsicherung, die ich auch im eigenen Umfeld erlebe. Kürzlich entschuldigte sich eine kluge Frau bei mir, dass sie jetzt gleich in ihrem Vortrag nicht gendern werde. Ich zuckte zusammen und dachte, wie schrecklich ist es, wenn wir glauben, uns für die Art, wie wir sprechen, entschuldigen zu müssen.

Hier öffnet sich eine weitere Tür zu einem großen Raum der Sprachlosigkeit. Vielleicht haben wir ihn auch schon betreten. Sprache macht uns aus. Sprache ist nicht nur Instrument, sie ist ein wichtiger Teil des Selbst, der eigenen Identität, des Selbstwertgefühls. Sprechen ist die Grundlage für unser Zusammenleben. Wir müssen sprechen. Wer nicht spricht, wird einsam. Wer spricht und sich nicht verstanden fühlt, wird einsam. Und wer glaubt beziehungsweise wem vorgeworfen wird, falsch zu sprechen, fühlt sich rausgedrängt. Und wird verständlicherweise zornig.

Die Auseinandersetzung mit Sprache, die Suche nach den richtigen Wörtern, ist für Gesellschaften wichtig. Man sollte nicht den Fehler machen, dafür einem bestimmten Milieu die Schuld zu geben. Das Motiv der sogenannten politischen Korrektheit ist ein ehrenwertes und bedeutsames: dass man höflich zueinander ist, respektvoll miteinander umgeht, sich nicht beleidigt, beschimpft. Es ist ein wichtiger Fortschritt, dass Begriffe und Formulierungen als sexistisch, rassistisch, antisemitisch erkannt werden. Und natürlich verändert sich Sprache, wenn die gesellschaftliche Sensibilität für Abwertung, Ausgrenzung, für Würde zunimmt. Sprache lässt sich nicht konservieren wie Fisch in der Dose. Sie ist lebendig, verändert sich, sorgt für Reibung. Dennoch ist es dringend notwendig, dass wir wieder auf einen gemeinsamen Grund kommen. Dass wir weniger aufgeregt mit diesen Fragen umgehen. Dass nicht jedes einzelne Wort bewertet, nicht jeder Halbsatz zerlegt wird. Sondern dass zählt, *was* jemand sagt und in welcher Absicht.

So sehr, wie der Populismus im Wesentlichen eine politische Methode ist, ist auch die politische Einigungsfähigkeit eine. Bevor es um politische Fachantworten geht, geht es um eine Grundsatzentscheidung über die Art, wie man Politik machen will. Eine, die spaltet, oder eine, die zusammenführt. Deshalb ist es so wichtig, wie wir in der Politik miteinander sprechen.

Insbesondere der Raum, um konkrete Probleme, die mit Migration einhergehen, zu besprechen und konkret zu lösen, ist eng geworden. Der Umgang mit Migration fordert, manchmal spaltet er Gesellschaften. Deutschland hat weit über eine Million Menschen aus der Ukraine aufgenommen, zusätzlich zu denen, die aus Syrien, Afghanistan oder dem Irak gekommen sind. Und in dieser Zeit wird die Angst vor Fremden gezielt von Populisten geschürt. Umgekehrt bedrückt die Sorge vor Fremdenfeindlichkeit viele. Menschen, deren Eltern einmal zugewandert sind oder die selbst hier eine neue Heimat gefunden haben, fühlen sich ausgegrenzt. Das Schlagwort »Remigration«, das nichts anderes heißt, als Menschen, die zu uns gehören, zu verjagen, dringt weiter in die Gesellschaft vor. Das müssen wir zurückkämpfen. Einheit in Vielfalt statt Einfalt in Zwietracht – darum sollten wir kämpfen.

Ja, es gibt Probleme bei der Integration von Geflüchteten: Schulklassen, in denen wenig oder schlecht Deutsch gesprochen wird, kulturelle und religiöse Prägungen, die hier ungewohnt sind. Es gibt einen muslimischen Antisemitismus; es gibt junge Männer, die im Freibad Frauen nachstellen oder gewalttätig werden. Mit den steigenden Flüchtlingszahlen ist seit 2015 die Zahl gewaltbereiter Krimineller gestiegen. Umgekehrt gibt es die vielen, die unsere Nachbarn geworden sind. Die sich mit aller Kraft darum bemühen, anzukommen, auf der Arbeit, im Fußballverein, die Busse fahren, in Krankenhäusern arbeiten, Bürgermeister werden, irgendwann Unternehmen leiten.

Ich stehe zu den Entscheidungen, die ich im Bereich Flucht und Asyl in der Regierung getroffen habe – von der Einigung über ein gemeinsames europäisches Asylsystem bis hin zur besseren Durchsetzung von Recht. Wer hier Straftaten begeht, verwirkt seinen Schutzanspruch. Wer anderswo ein Aufenthaltsrecht hat, muss dieses dort wahrnehmen. Aber: Recht besser durchzusetzen heißt auch, sich an Recht zu halten. An das europäische Recht, das Grundrecht auf Asyl und an den ersten Artikel unserer Verfassung: »Die Würde des Menschen ist unantastbar.« Geflüchtete sind keine Zahlen, es sind Menschen.

Diejenigen, die nicht nach Deutschland kommen dürfen, werden vielleicht ein Leben in Elend und Armut leben, vielleicht früher sterben. Es ist keine Schande, sich bei der Begrenzung von Humanität schwerzutun. Es ist kein Fehler, Menschlichkeit zu zeigen. Ich wünschte mir das manchmal auch von anderen, die immer so tun, als ob alles ganz leicht sein würde, wenn man nur dies oder jenes täte. Ist es oft nämlich nicht. Ja, es gibt Straftäter aus Afghanistan. Aber es gibt auch Mädchen, die dort nicht mehr auf den Straßen spielen dürfen und nicht mehr zur Schule gehen, es gibt verfolgte mutige Journalisten, es gibt Frauenrechtlerinnen, Homosexuelle. Sie werden verfolgt und, wenn festgenommen, gefoltert oder getötet.

Es war ein Fehler von Friedrich Merz, im September 2024 als Reaktion auf den islamistischen Terroranschlag in Solingen die Forderung aufzustellen, Flüchtlinge pauschal an den Grenzen zurückzuweisen. Egal wen. Das hieße, eben nicht mehr zwischen Islamisten und ihren Opfern, zwischen Verfolgern und Verfolgten zu unterscheiden. Die Frauenrechtlerin in Afghanistan war ihm gleich dem IS-Anhänger aus Syrien.

Der Kompass der Menschlichkeit darf uns nicht verloren gehen. Und so richtig es ist, in der Politik nicht zu moralisieren: Eine Politik ohne Moral ist falsch. Ich will – und ich kann – nicht einfach hinnehmen, dass Angst und Zorn uns aufzehren. Ich will für eine Gesellschaft kämpfen, die Tatkraft und Solidarität miteinander verbindet. Die zusammensteht. Zueinanderhält. Die friedlich zusammenlebt.

Deshalb sollten wir immer versuchen, die Kraft zur Differenzierung aufzubringen: Zuwanderung, die wir dringlich für den Arbeitsmarkt brauchen, Asylrechtanspruch nach dem Grundgesetz, Flüchtlingsschutz nach der Genfer Flüchtlingskonvention, subsidiärer Schutz nach Europarecht, Duldung für die, die kein Asyl bekommen, aber nicht in ihre Heimatländer zurückkönnen, weil dort beispielsweise Krieg herrscht. All das geht oft durcheinander. Aber es ist sortierbar, und wir haben es in der letzten Legislatur sortiert: War zuvor die Zuwanderung in den Arbeitsmarkt fast unmöglich, haben wir sie deutlich erleichtert, sodass weniger Menschen versuchen müssen, über das Asylsystem zu kommen.

Außerdem haben wir das Asylsystem so reformiert, dass erstmals alle Mitgliedstaaten zu Solidarität verpflichtet sind und wir damit in eine europäische Verteilung einsteigen. Jetzt soll es ein verlässliches Registriersystem an den Außengrenzen geben. Außerdem wird dort für diejenigen, die nur eine geringe Aussicht auf Schutz in der EU haben, ein beschleunigtes Verfahren durchgeführt. Diejenigen, die nach Europa kommen, sollen also schnell registriert werden, und nach Möglichkeit sollte auch schnell über ihre Asylverfahren entschieden werden. Es gibt zwar keine Garantie, dass nun, wenn gleich registriert und verteilt wird, alles besser wird. Aber klar ist: Der gegenwärtige Zustand ist eine Schande und nicht zu verteidigen. Tausende ertrinken im Mittelmeer, viele leben elendig in Lagern auf Lampedusa oder Lesbos, manche warten Jahre auf ihre Verfahren. Das ist alles nicht gut.

Wer bereits in Deutschland lebt, sollte hier arbeiten können. Es ist besser für die Menschen, sich durch Arbeit zu integrieren, und besser für das Sozialsystem ist es auch. Wer hier nach den Regeln lebt und sich verdient machen will, der sollte auch etwas verdienen können.

Der Asylpfad und der Arbeitsmarktpfad werden in Zukunft strenger getrennt. Das geht aber erst jetzt, weil der Arbeitsmarktpfad in der Vergangenheit den meisten Menschen nicht offenstand. Insofern ist es folgerichtig, dass diejenigen, die bereits hier leben und jetzt vom Asylsystem in die Arbeitszuwanderung wechseln möchten, das machen können. Und auch sollen.

Zum Asylsystem gehört auch die Abschiebung. Das ist eine moralisch schwierige Frage, denn auch diejenigen, die nicht bleiben können, haben meist ein hartes Schicksal, hoffen auf ein besseres Leben. Dennoch ist die logische Konsequenz eines Asylsystems, dass nicht alle Anspruch auf diesen Schutz haben.

Und wer schwere Straftaten begeht oder die Grundordnung von Freiheit und Demokratie missachtet, verliert auch den Anspruch auf das Schutzversprechen Deutschlands. Der Islam gehört zu Deutschland, der Islamismus nicht.

Entlang dieser allgemeinen Grundsätze können vielleicht die einzelnen Debatten geführt werden. Vielleicht können sie den Diskurs etwas sortieren und beruhigen helfen und neues Einvernehmen herstellen.

Es ist die gesellschaftliche Balance, die droht, abhandenzukommen – nicht nur beim Thema Migration. Wir müssen darum ringen, sie zu halten. Strittige Themen müssen streitbar bleiben, Kontroversen auch kontrovers diskutiert werden. Provokationen brauchen den Widerstand der kritischen Vernunft, und Idealismus und Pragmatismus müssen zusammengeführt werden, die Gegensätze in Spannung gesetzt, nicht in Spaltung verwandelt werden. Mehr Gelassenheit dabei wäre schön. Dass wir uns gegenseitig als Menschen nehmen, wie wir sind. Mit der Sprache, die wir sprechen. Aufschreien sollten wir, wenn zu Gewalt aufgerufen wird, uns empören, wenn Menschen wie Dreck behandelt, beschrieben, angesprochen werden. Damit diese nötige Empörung gehört wird, sollten wir die über anderes gut dosieren.

Der Politologe Ivan Krastev hat kürzlich in einem *Zeit*-Interview gesagt: »Die Leute haben das Gefühl, heimatlos zu werden. Denn Heimat ist der Ort, wo du die anderen verstehst und wo sie dich verstehen. Wo dir die Worte nicht um die Ohren fliegen, weil jeder weiß, wie sie gemeint sind. Die größte politische Aufgabe ist es jetzt, den Leuten wieder ein Gefühl von Heimat zu geben.«

Sprache ist Heimat. Und wenn man nicht weiß, wie man über die Dinge sprechen soll, hat man die Heimat verloren. Über Fragen sozialer Ungerechtigkeit haben wir in den vergangenen hundert Jahren gelernt zu streiten. Wir mögen unterschiedliche Ansichten haben über Steuern oder die Arbeitslosenversicherung, aber niemand würde sagen »Das ist nicht mein Land«, weil die Einkommensteuer zweiundvierzig Prozent beträgt und nicht sechsundvierzig. Aber bei Fragen von Migration, Lebensstilen, Ernährung, Urlaubsreisen, Geschlecht, da fehlt uns das gemeinsame Verständnis, ob etwas überhaupt und, wenn ja, was genau das Problem ist. Das wiederum können wir nur gemeinsam aushandeln. »Wir«, das sind die unterschiedlichsten Menschen, die sich darauf verständigen, zum gleichen Zeitpunkt gemeinsame Probleme zu lösen. Das bedeutet umgekehrt, dass »wir« nicht die Gleichen sind, schon gar nicht homogene Volksgleiche. Es bedeutet auch, dass eine Gesellschaft zu sein eher ein Auftrag ist als ein Faktum. Aber eben ein notwendiger Auftrag. Ohne die regulative Idee, dass wir gemeinschaftlich handeln können, kommen wir nicht klar, weder miteinander noch in der Welt.

Politik kann Heimat nicht »geben«. Nicht von oben herab wie ein großzügiger Spender, der Heimatgefühl verteilt wie Kuchenstücke, Süßigkeiten oder Geld. Aber Politiker können ihren Beitrag leisten. Ich kann versuchen, mit meinem öffentlichen Sprechen und auch dem öffentlichen Zuhören einen Beitrag zu leisten. Und dann hoffen, dass Menschen einsteigen, sich mir und anderen zuwenden, mit Zuversicht auf ihr Land blicken. Am Ende sind es wir alle, die entscheiden, wer wir sein wollen. Es wird kein Gesetz geben, das Mut oder Entschlossenheit oder Toleranz verordnet. Dafür müssen wir uns schon selbst einsetzen.

LASS DICH NICHT VERHÄRTEN

Unterschiedliche Meinungen zu haben ist Grundlage von Demokratie. Es ist die Frage, wie wir mit ihnen umgehen. Der fundamentale Unterschied zwischen Demokraten und Populisten besteht nicht unbedingt in inhaltlichen Differenzen. Er besteht in der Fähigkeit oder Unfähigkeit, Verständnis für die Sichtweise der anderen Seite aufzubringen. Eine Gesellschaft ist widersprüchlich und voller Spannungen. Wir kommen aus unterschiedlichen Milieus, haben unterschiedliche Prägungen, erleben unterschiedliche Freuden und Kränkungen. In einer Zeit des Wandels, der Krisen und Konflikte wäre es wichtiger denn je, mit Verständnis für unsere unterschiedlichen Geschichten und Lebenssituationen Gesprächsräume, Debattenkanäle aufzumachen. Allein, wir erleben in der öffentlichen Debatte das Gegenteil. Entweder brüllen sich alle an oder ziehen sich schweigend zurück. Das öffentliche Reden wird schwieriger.

Das ist kein Zufall. Es ist das politische Ziel des Populismus, den Diskurs der Gesellschaft zu zerstören. Denn dieser Diskurs ist die Bedingung für Demokratie. Wir, die Demokratinnen und Demokraten der Mitte, sollten uns keiner Illusion hingeben: Das, was in unserem Land, in Europa und in der ganzen Welt passiert, ist kein Streit um einzelne Punkte, es ist ein fundamentales Ringen um die demokratische Zukunft. Wieder und wieder haben wir gesehen, dass die Liberalen die Kraft und Entschlossenheit der Illiberalen unterschätzt haben. Dass die Demokraten denken, die Demokratie sei als politisches System so überlegen, Freiheit um so vieles attraktiver als Unfreiheit, dass sie die Demokratie für garantiert halten und die Gefahr verkennen. Das soll und das darf uns nicht mehr passieren!

Der Populismus ist nicht ein weiteres Problem neben anderen, wie Inflation, Rentenhöhe, Energiewende, Wohnungsnot oder geschlechtergerechte Sprache. Er ist eine Wirkweise, die Probleme unlösbar macht. Er nährt sich von den unterschiedlichen Debatten und nutzt sie für seine Zwecke. Der Erfolg des Populismus kann unterschiedliche Gründe haben: ökonomische, kulturelle, geschichtliche. Aber diese darf man nicht verwechseln mit dem Prinzip des Populismus, das man in den letzten Jahren wieder und wieder entlang der verschiedenen öffentlichen Diskurse verfolgen konnte. Sein Prinzip ist es, gesellschaftliche Probleme so zu übersteigern oder zu polemisieren, zu einem Fetisch zu machen oder zu leugnen und auch Lügen zu verbreiten, dass eine gemeinsame Debatte unmöglich wird.

Im Frühjahr 2023 wurde der Aufstieg der AfD ernsthaft mit der Debatte um das Heizungsgesetz begründet. Ich leugne nicht, dass die Debatte um Wärmepumpen und Wärmeplanung schwierig war. Aber auch in Ländern, die kein Heizungsgesetz haben, gewinnen die Populisten. In Nordeuropa, wo Wärmepumpen trotz niedriger Temperaturen längst etablierter Standard sind, wie in Südeuropa, in den Gründungsstaaten der EU wie in denen, die nach 1989 neu hinzugekommen sind.

Es liegt nicht an dem einen Thema, es ist eine politische Strategie. Die Sorgen der Menschen werden ausgenutzt. Trollarmeen verbreiten im Internet Falschnachrichten – dass die Ukraine Russland angegriffen habe, dass wir das russische Gas abgestellt hätten, dass es keine menschengemachte globale Erderwärmung gebe, dass alle Deutschen eingezogen werden sollten, um an der ukrainischen Front zu kämpfen, dass eine Weltverschwörung existiere, die von einer amerikanischen Pizzabude ausgeht. Homepages werden nachgebaut, die denen etablierter Nachrichtenportale ähneln, und über diese Seiten werden Lügen in die Welt posaunt. Künstliche Intelligenz wird genutzt, um Politikerinnen und Politikern in Deepfake-Videos Worte in den Mund zu legen, die sie nie gesagt haben. Das alles ist kein unschuldiges Spiel, es ist Strategie. Steve Bannon, rechtspopulistischer ehemaliger Berater von Donald Trump, auch in Europa aktiv, um rechte Parteien zu unterstützen, hat vor Jahren schon gesagt, worum es geht. Sein Motto: Flood the zone with shit; und da, wo was hängen bleibt, macht man eine Medienkampagne draus. Die Rechtspopulisten in Deutschland haben das gut adaptiert. Immer geht es um Empörungsrituale, moralische Überhitzung, einen inflationären Gebrauch von Anwürfen. Es geht nicht darum, Konflikte zu lösen, sondern der anderen Seite die Rechtschaffenheit abzusprechen, sie für nicht satisfaktionsfähig zu erklären, die Streitregeln außer Kraft zu setzen, sich jenseits der Ordnung des Diskurses zu stellen.

Das schlimmste Aussetzen dieser Streitregeln ist die Gewalt als Mittel populistischer Politik. Die verbale Gewalt des Niederbrüllens oder Beschuldigens, des Androhens von Gewalt, die physische Gewalt, die sich in Angriffen auf Politikerinnen und Politiker, in Anschlägen und Mordtaten umsetzt.

All das passiert nicht zufällig, sondern gezielt und geplant.

Die Wirkungsweise des Populismus ist, Verunsicherung zu schaffen. Wenn es überall von Lügen wimmelt, weiß man irgendwann nicht mehr, was wahr ist, was man glauben soll. Man wird orientierungslos. Hat man die Orientierung verloren, verliert man irgendwann die Motivation, sich einzumischen, sich einzubringen, sich zu engagieren. Die Gesellschaft wird erschöpft, müde, inspirationslos. Und genau darauf zielt die Strategie der Populisten. Der Populismus vergiftet die Idee der demokratischen Welt, dass es nämlich Menschen sind, die den Unterschied machen. Dass sich Menschen für Freiheit, für Debattenräume, für ihr Land einsetzen. Die Wirkweise des Populismus ist darauf gerichtet, eine demokratische Gesellschaft entscheidungs- und damit handlungsunfähig zu machen, um daraus dann abzuleiten, dass Freiheit und die Demokratie als politisch gelebte Freiheit eine Gefahr sind, dass die Vielfalt der Meinungen, der Stimmen, der Lebensstile überwunden und ersetzt werden muss durch eine homogene, völkische, autoritäre Gesellschaft. Die Populisten säen Ängste, um sich von ihnen zu nähren. Und in einer Zeit im Umbruch ist es immer das Leichteste, Angst zu machen und diese dann zur Panik zu steigern, sodass Debatten so geführt werden, dass am Ende keine Lösung mehr möglich ist, die verschiedene Parteien und Lager einbindet. Unversöhnlich stehen sich die Streitenden gegenüber und fällen immer vernichtendere Urteile übereinander. Bestimmte Mechanismen in den sozialen Medien (wobei man hier zwischen Kanälen und Plattformen auch unterscheiden muss) verstärken dies, manchmal sind sie nur noch ein Hassrauschen. Denn gewisse Algorithmen der sozialen Medien befördern die Spaltung: Aufmerksamkeit bekommt nicht der

Konsens, sondern der Konflikt. Die Einigung zählt weniger als der Streit. Fehler einzuräumen weniger, als sie anderen vorzuwerfen. »Zornige Verneinung« nannte das der Schriftsteller Ludwig Fulda, der sich im März 1939 das Leben nahm, in einem Gedicht:

Den Streitgesprächen bleib' ich fern,
die um den Biertisch wandern:
Ein jeder hört sich selber gern
und überhört den andern.

Und hat man sich den Kopf beschwert
mit zorniger Verneinung,
geht man nach Hause, neu bekehrt –
zu seiner alten Meinung.

Aus der zunehmenden Unmöglichkeit eines vernünftigen Gesprächs erwächst dann der Vorwurf, dass eine demokratische Gesellschaft nicht in der Lage sei, Probleme zu lösen. Und daraus wird wiederum abgeleitet, dass man einen autoritären Führer brauche.

Hier öffnet sich eine zweite politische Ebene. Der Populismus im Land hat nicht zufällig eine politische Nähe zu Russland und anderen autoritären Regimen der Welt. Die Journalistin Anne Applebaum analysiert das sehr genau in ihren Büchern, zuletzt in *Die Achse der Autokra-*

ten. Nicht einzelne Weltanschauungen definieren unsere Zeit, sondern der Versuch der Autokratien, die freiheitlichen Demokratien zu unterminieren. Ein Nationalist wie Putin kann mit einem Kommunisten wie Kim Jong-un in Nordkorea oder mit einem islamistischen Präsidenten im Iran bestens zusammenarbeiten. Die Regimes unterstützen sich mit Waffen, sie starten Desinformationskampagnen, bekämpfen das Selbstbestimmungsrecht der Völker, zerstören Gesellschaften und bauen »hybride Staaten« auf: Länder, die sie politisch an sich binden und deren Rohstoffbasis sie sich zu eigenen Zwecken sichern. Oft nämlich geht es den Autokraten von heute in allererster Linie um Geld und eigenes Vermögen. Autokraten sind meist Kleptokraten.

Diese erkennbaren und beschreibbaren Verbindungslinien zwischen den autokratischen Regimen lassen die innenpolitischen Debatten in einem neuen, schärferen Licht aufscheinen. Entweder wissen Populisten in den Demokratien nicht, wessen Spiel sie spielen, oder sie spielen es mit Absicht. Das eine wäre naiv, das andere unverantwortlich. Gefährlich ist beides.

Viele Spuren führen nach Russland: Drohnen verletzen den europäischen Luftraum. Es gibt Sabotageakte – auf dem Flughafen Leipzig etwa explodierten Massagekissen, in denen Sprengstoff versteckt war. Auf Tiktok und X werden Desinformationen verbreitet. Und die meisten Geflüchteten, die in Deutschland sind, kommen aus der Ukraine und Syrien – wo Russland Krieg führt oder Assad unterstützt. Bewusst werden Geflüchtete eingesetzt, um Druck auf Regierungen aufzubauen. Über die belarussische Grenze etwa werden Menschen nach Polen gebracht.

Es ist eine bewusste Strategie, den Übergang von Frieden und Krieg zu verwischen. Hybride Kriegsführung nennt man das. Selten ist etwas eindeutig zuordenbar. Wer steckt hinter Gewaltakten? Terrorgruppen? Staatliche Akteure? Ein verrückter Einzeltäter? Ist es Zufall oder Plan? So entsteht gesellschaftliche Unsicherheit. Menschen spüren, dass es eine Gefahrenlage gibt – aber niemand weiß mehr richtig, wer wofür verantwortlich ist. Auch für staatliche Stellen ist die hybride Kriegsführung eine neue Herausforderung. In den Runden der Bundesregierung, in denen solche neuen Bedrohungen diskutiert wurden, tauchte plötzlich ein Wort auf, das für mich Bedeutung hat über die Bedrohungslage hinaus: handlungssicher. Wissen, was zu tun ist, entschlossen und vorbereitet sein. Darum geht es.

Demokratien können sich nicht in schläfriger Sicherheit wiegen. Auch Deutschland ist nicht die uneinnehmbare demokratische, liberale, weltoffene, unerschütterliche Bastion. Wir müssen um und für unseren Rechtsstaat kämpfen und unsere Demokratie verteidigen.

Aber wie? Nun, erst einmal kann man klar beantworten, wie nicht. Nämlich nicht, indem wir uns der Mittel der Populisten bedienen. Auf ihre Angstmacherei mit Angstmachen vor ihnen zu reagieren hilft nicht. Gegen Angst hilft nicht andere Angst, sondern Mut. Gegen Verunglimpfung Differenzierung, gegen Brüllerei nicht das Zurückbrüllen, sondern das Reden. Das ist oft leichter gesagt als getan. Im Bundestag muss ich – auf der Regierungsbank sitzend – falsche Aussagen, übelste Beleidigungen ertragen. Einmal, als wir in einer sehr berührenden Gedenkstunde des Aufstands vom 17. Juni in der DDR gedachten, war es besonders schlimm. AfD-Abgeordnete pöbelten gegen die Festredner, die gegen Diktatur und für Freiheit sprachen. Und als wir die Nationalhymne sangen (deren Zeilen ich schon zum Titel einer politischen Sommerreise gemacht habe, deren Melodie ich gern höre), konnte ich nicht einstimmen. Ich wollte nicht mit der AfD singen. Für mich hatten ihre Pöbeleien die Würde der Gedenkstunde zerstört.

Diejenigen, die für liberale Rechtsstaatlichkeit stehen und kämpfen, werden den Populismus nicht besiegen, indem sie sich negativ von ihm ableiten. Damit ist man schon in der Defensive. Wir besiegen ihn nur aus eigener Kraft, wenn wir wissen, was wir wollen, wer wir sind, was uns ausmacht. Der rechte Populismus hasst nicht den linken Populismus. Der ist anschlussfähig. AfD und BSW können vermutlich gut zusammenarbeiten. Ihr Verhältnis zu Russland gleicht sich – und Russlands Verhältnis zu ihnen. Der Zorn des Populismus zielt auf den Ausgleich, die Versöhnung, das Zusammenbringen, auf die, die die Gesellschaft zusammenhalten wollen; er nährt sich von der Art, wie der Rest der Gesellschaft seine Debatten austrägt.

Hannah Arendt schrieb 1951 in *The Origins of Totalitarism*, dass die tiefste Ursache des Totalitarismus die Einsamkeit der Menschen sei, die, wenn sie zu Sinnlosigkeit wird, in Gewalt umschlägt. Ich habe oben erwähnt, dass soziale Medien durch die Einstellung der Algorithmen die Menschen immer verständnisloser füreinander machen. Sie wollen uns nur scheinbar zusammenbringen. Der Terminus »soziale Medien« täuscht. Zwar schließen sich Menschen darin in Gruppen zusammen und kommunizieren untereinander. Aber zugleich zerstören diese Medien und andere digitale Plattformen sozialen Zusammenhalt. Wir müssen nicht mehr ins Kino oder Theater gehen, wir können Filme streamen. Wir müssen nicht mehr ins Restaurant gehen, wir können unser Essen nach Hause bestellen, nicht mehr in Läden gehen, sondern online shoppen. Wir müssen nicht mehr in Sportvereine gehen, wir können E-Sports machen. Wir müssen noch nicht mal mehr zu politischen Veranstaltungen, wir haben ja X, Tiktok und

Youtube. Dagegen helfen gut ausgebaute, attraktive öffentliche Räume. Um diese müssen wir uns kümmern.

In diesen Räumen – Schule, Kita, Sportverein, Bibliotheken – realisiert sich gesellschaftliche Teilhabe. Hier treffen sich Menschen unterschiedlicher Herkunft mit unterschiedlichem Einkommen, unterschiedlicher politischer Einstellung und unterschiedlicher Religion. Jedenfalls können sie sich treffen. Natürlich sind auch die öffentlichen Räume nicht frei von gesellschaftlichen Trennlinien. Fußballvereine spiegeln die Migrationsanteile der Stadtteile. Die Nutzung von Bibliotheken hängt möglicherweise ab von der kulturellen Prägung des Elternhauses. Aber trotzdem stehen sie für die Möglichkeiten einer barrierefreien Gesellschaft. Gegnerische Jugend-Fußballmannschaften aus unterschiedlichen Stadtteilen oder Gemeinden spielen samstags oder sonntags gegeneinander und die Eltern stehen im deutschen Nieselregen und feuern gemeinsam ihre Kinder an, trinken gemeinsam Kaffee, warten gemeinsam, feiern gemeinsam.

Hier ist die eigentliche Antwort auf den Populismus zu finden. Wir dürfen nicht zulassen, dass uns Probleme oder Konflikte spalten. Umgekehrt: Es muss uns gelingen, Konflikte oder Probleme als gemeinsame anzuerkennen und sie gemeinschaftlich zu bearbeiten. Dann immunisieren wir uns gegen den Populismus. Man kann vielleicht sogar sagen, dass gar nicht so sehr Einigkeit die

Grundlage unseres demokratischen Zusammenlebens ist, sondern das geteilte Bewusstsein über den Umgang mit Konflikten und Debatten. Wenn Letztere streitbar, intensiv, aber auf einer gemeinsamen Basis geführt werden, halten sie ein Land zusammen. Dass sie aber auch falsch geführt werden können, dafür lieferten die vergangenen Jahre reichlich Anschauungsmaterial.

Während der Gedenkstunde, als die AfD-Abgeordneten dazwischenriefen, saß der Liedermacher und DDR-Regimekritiker Wolf Biermann oben auf der Besuchertribüne des Bundestages. Ich weiß nicht, was er gedacht hat, als er das Spektakel verfolgen musste. Ich aber dachte an seine Liedzeilen:

»Du, lass dich nicht verhärten
In dieser harten Zeit
[…]
Du, lass dich nicht verbittern
In dieser bitt'ren Zeit
[…]
Du, lass dich nicht verbrauchen
Gebrauche deine Zeit
[…]«

Gebrauche deine Zeit!

VOM WANDEL DURCH HANDEL ZU HANDEL ALS WAFFE

Im Dezember 2021 wurde ich Wirtschafts- und Klimaschutzminister, um in Deutschland endlich Wohlstand und Klimaneutralität miteinander zu versöhnen, um die erneuerbaren Energien und die Stromnetze auszubauen und Verbraucherinnen und Verbrauchern, Gemeinden, Unternehmen durch Zugang zu grünem Strom oder grünem Wasserstoff Planungssicherheit für die nächsten Jahrzehnte zu geben. Alle haben es mitbekommen: Das war und ist herausfordernd, weil alles gleichzeitig und aufeinander abgestimmt passieren muss, weil es jede Menge Hindernisse aus dem Weg zu räumen gab und auch weiterhin gibt, weil alles bei laufendem Betrieb geschehen muss. Dennoch: Wir sind immens vorangekommen.

Aber Deutschland ist keine Insel, die abgekoppelt vom Weltgeschehen einfach ihr Ding machen kann. Kein

Land ist das, auch nicht reale Inseln, aber die drittgrößte Volkswirtschaft der Welt, das wirtschaftlich stärkste Land Europas erst recht nicht. Auch das war eine besondere Herausforderung dieser Legislatur, von Tag eins an.

Deutschland war im Winter 2021 ein Land, das zwar erschöpft war von den Jahren der Pandemie, aber optimistisch in die Zukunft schaute. Die Arbeitslosigkeit war niedrig, die Zinsen auch, private Investitionen waren aufgeschoben worden, nun sollte es wieder losgehen. Im Februar 2022 überfiel Putin die Ukraine. Ab Sommer 2022 wurden – als Reaktion auf unsere Unterstützung der Ukraine und die Sanktionen gegen Russland – die Gasflüsse durch die Nordstream-1-Pipeline gedrosselt, zunächst unter fadenscheinigen Ausreden, zum Beispiel dass Turbinen gewartet werden müssten. Im Spätsommer versiegten sie gänzlich. Hätten wir nicht schon vorher beschlossen, die Gazprom-Speicher unter staatliche Kontrolle zu bringen und Gas aus anderen Quellen einzukaufen, wir wären nicht durch den Winter 2022 / 2023 gekommen.

Ich habe in den ersten Tagen des Angriffskriegs Putins auf die Ukraine in einem Interview mit Markus Lanz gesagt, dass wir durch diesen Krieg ärmer werden würden. Und so ist es dann ja auch gekommen – damals wurde der Mut gelobt, diese Wahrheit auszusprechen. In derselben Sendung wurde gefordert, dass wir sofort und vollständig auf russisches Gas verzichten sollten. Das habe ich abgelehnt, sosehr ich die Ukraine und ihren Kampf um Freiheit unterstütze. Die Ökonomin Veronika Grimm sagte für diesen Fall einen wirtschaftlichen Einbruch von drei bis sechs Prozent des BIP voraus – den sie befürwortete. Dazu kam es dann nicht, weil wir die Zeit bis September genutzt haben, um das russische Gas Schritt für Schritt zu ersetzen, und so sind wir glimpflicher davongekommen. Auch weil wir geschlossen und entschlossen gehandelt haben, gab es keinen tiefen Wirtschaftseinbruch wie bei Corona. Aber dieser Schock hat unsere Wirtschaft über mehrere Jahre, ja bis heute, geschwächt.

Da wir das Gas aus anderen Ländern kaufen mussten, stiegen die Energiepreise. Diese schlugen wiederum voll auf die Produktion durch. Höhere Produktionskosten führen zu höheren Preisen, also höherer Inflation. Hohe Inflation heißt Kaufkraftverlust. Kaufkraftverlust heißt, dass Menschen weniger Geld haben, das sie ausgeben können: für Nahrung, Kleidung, Ausflüge und Kino. Und auch wenn die Inflation zurückgeht, bleiben die einmal gestiegenen Preise meist hoch. Die Mieten sind höher, die Lebensmittelpreise, man merkt es im Portemonnaie und im Kopf: Die Sorgen wachsen, nehmen immer mehr Raum ein, machen mürbe.

Um die hohe Inflation zu bekämpfen, wurden die Zinsen erhöht. Dies würgte die Investitionen in den Unternehmen ab, besonders in der Anlagen- und Baubranche, aber auch in den privaten Haushalten.

Das alles hat uns eine Wirtschaftskrise beschert, die nur durch entschlossenes Handeln und Aussetzen der Schuldenbremse in den Jahren 2022 und 2023 nicht noch schlimmer ausgefallen ist. Doch über »nicht noch schlimmer« freut sich niemand. Man kann sagen, dass wir die Folgen der Energiekrise inzwischen einigermaßen in den Griff bekommen haben. Die Inflation fällt auf Normalmaß, die Zinsen sinken, die Energiepreise auch. Aber die alte, vertraute Welt will trotzdem nicht zurückkommen. Weil es sie nicht mehr gibt.

Wir hätten als Bundesregierung entschlossener handeln müssen. Gemeinsam mit Gewerkschaften und Industrie habe ich mich im Mai 2023 für einen Industriestrompreis eingesetzt, heraus kam in der Regierung zwar ein Strompreispaket, das aber rückblickend nicht wuchtig genug war. Im Februar 2024 warnten Christian Lindner und ich vor der dramatisch schlechten Wirtschaftslage. Andere in der Bundesregierung wiegelten ab. Es dauerte bis zum Sommer – und erforderte viel Drücken und Schieben –, um zu einem neuen Maßnahmenpaket zu kommen, der Wachstumsinitiative. Diese enthielt viele sinnvolle Maßnahmen, aber auch sie blieb hinter dem Erforderlichen zurück.

Den großen Dissens, ob die Rückkehr des Krieges nach Europa, seine Auswirkungen auf unsere Wirtschaft, die Infragestellung vieler deutschen Erfolgsfaktoren, ein Aussetzen oder eine Reform der Schuldenbremse rechtfertigen, konnten wir in der Koalition nicht überwinden. Und die Union im Bundestag, auf den eigenen Vorteil bei einer Wahl bedacht und darauf aus, der Bundesregierung das Leben möglichst schwer zu machen, verweigerte sich ebenfalls. So konnten wir die Rahmenbedingungen nicht so verbessern, wie es nötig gewesen wäre. Wie bereits erwähnt: Die meisten deutschen und internationalen Ökonominnen und Ökonomen kritisieren dies inzwischen – zu Recht.

Aber nicht allein die Tatsache, dass Regierung und Opposition in der Krise nicht zu einem entschlosseneren Umgang mit ihr fanden, ist ein Problem. Sondern auch die Tatsache, dass wir die Wucht des fundamentalen Umbruchs der vergangenen Jahre noch nicht ganz verstanden haben. Das aber ist die Voraussetzung dafür, dass wir uns in der neuen Welt behaupten können.

Für mich ist inzwischen klar, dass Wladimir Putin schon lange vor dem Überfall auf die Ukraine im Frühjahr 2022 sehr planvoll und gezielt vorgegangen ist, um mit einem Angriff auf unsere Energieversorgung, eine der wichtigsten Grundlagen unserer Wirtschaft, unsere Freiheit und unseren demokratischen Zusammenhalt anzugreifen. Und damit nicht nur Deutschland, sondern auch ganz

Europa. Denn wenn Deutschland fällt, wankt Europa. Inzwischen ist alles als gezieltes Vorgehen erkennbar: das Aufkaufen des größten deutschen Gasspeichers durch Gazprom 2015, kurz nach dem ersten Angriff auf die Ukraine, dessen Leerlaufenlassen 2021, der Bau der Pipeline Nordstream 2, die wegen regulatorischer Verzögerungen nicht schon 2021 angeschlossen war, sonst hätte Putin uns ökonomisch das Genick gebrochen, der Aufkauf der Raffinerie Schwedt, die Unterstützung der AfD, ganze Trollarmeen im Internet.

Haben die autokratischen Regime in den Nullerjahren mit Zensur, mit von ihnen eingesetzten Richtern, Scheinverfahren und manipulierten Wahlen vor allem ihre Macht im eigenen Land gefestigt, ist seit der letzten Dekade klar, dass ihr Machtanspruch über ihre jeweiligen Länder hinausgeht. Die Seidenstraßen-Initiative, ein riesiges Infrastrukturprogramm, mit dem China in anderen Ländern und Kontinenten Bahnverbindungen, Häfen, Flughäfen und Minen finanziert, Russlands Unterstützung des Assad-Regimes in Syrien, sein Agieren in Georgien – das hätte uns die Augen öffnen können. China schafft ökonomische Abhängigkeiten, die es auch machtpolitisch zu nutzen weiß. Putin finanziert Antidemokraten und Faschisten, er nutzt die Waffen der hybriden Kriegsführung, er betreibt einen Desinformationskrieg, um unsere Gesellschaften in den liberalen Demokratien zu spalten. Er schürt Angst, provoziert und lügt, droht, um den Westen zu destabilisieren.

Besonders für Deutschland ist all das ein dramatischer Befund. Denn unser Wohlstandsmodell beruht ganz wesentlich auf Handel und Export in einer fair miteinander kooperierenden Welt. Nordstream 1, die erste Gaspipeline nach Russland, hat uns Zugang zu günstigem Gas verschafft und damit zu Energiepreisen, die es ermöglichten, unsere energieintensive Industrie im Land zu halten. Viele andere Industrienationen haben sie längst verloren. Wir haben in China investiert, Vorprodukte von dort bezogen und jede Menge Maschinen und Autos dorthin exportiert. Kein anderes Land in Europa, vermutlich in der westlichen Welt, ist handelspolitisch so verflochten mit China wie Deutschland. Deutschland war Globalisierungsgewinner; nun drohen die Grundlagen unseres wirtschaftlichen Erfolgs zu verschwinden.

Lange haben wir uns auch die amerikanische Bereitschaft zunutze gemacht, für unsere Sicherheit zu garantieren, und mit den gesparten Milliarden haben wir unsere Haushalte saniert (nicht allerdings unsere Brücken und Schienen). Auch hier haben sich die Grundlagen verändert; es ist zu erwarten, dass wir sehr viel mehr Geld für unsere Verteidigungsfähigkeit ausgeben müssen.

Vor der Wahl 2021 haben die meisten politischen Akteure und die politische Öffentlichkeit all das nicht sehen wollen – obwohl es genug warnende Stimmen gab –, und in den vergangenen Jahren waren wir mit der Bekämpfung der unmittelbaren Folgen des Angriffskriegs beschäftigt. Doch inzwischen wird immer deutlicher, wie fundamental der Umbruch ist, den wir erleben. Zeitenwende – jenes Wort, das Olaf Scholz ein paar Tage nach dem russischen Überfall auf die Ukraine geprägt hat – bezeichnet nicht einen lokalen Konflikt im Osten Europas. Zeitenwende bedeutet eine fundamentale Veränderung für unser eigenes Land. Die Vorstellung, dass wir durch Handel Annäherung und, nach 1989, Wandel durch Handel erzielen könnten, dass nicht mehr Ideologien, sondern Märkte das Weltgeschehen prägen würden, dass eine globalisierte Welt immer enger zusammenwachsen würde, hat sich ins Gegenteil verkehrt. Energie wird als Waffe eingesetzt, Handelsbeziehungen haben Erpressungspotenzial, lange Lieferketten bedeuten viele Abhängigkeiten. Noch nicht einmal Kochsalzlösung für den medizinischen Gebrauch können wir in ausreichender Menge in Europa produzieren. Und Deutschland als Hauptprofiteur der alten Welt muss sich fragen und vorwerfen lassen, wie es so naiv sein konnte, diese Entwicklungen verkannt zu haben.

DAS ERFOLGSMODELL DEUTSCHLANDS NEU AUSRICHTEN

Aus den genannten Gründen – Gaskrise und Inflation, Abhängigkeit von schwacher Exportnachfrage, fehlende Investitionen – ist Deutschlands Volkswirtschaft seit 2018 nicht mehr kräftig gewachsen. Seitdem erlebt das Land, was das bedeutet. Sie verliert an Dynamik, an Attraktivität, die Menschen auch an Zukunftsoptimismus. Es wird schwerer, im Bundeshaushalt Einnahmen und Ausgaben in Übereinstimmung zu bringen. Das Land wird schwächer – nach innen wie nach außen. Der Populismus findet leicht Nährboden, es gelingt ihm besser, gesellschaftliche Gruppen gegeneinander auszuspielen, Klimaschutz zu diskreditieren, nationalistisches Denken zu befördern. Und alle werden immer pessimistischer. Denn auch in der wirtschaftspolitischen Debatte werden derzeit weiter ideologische Gegensätze aufgemacht, die unser Land nicht weiterbringen und letztlich pragmatisches Handeln verhindern. Manche suggerieren, wir hätten eigentlich gar kein Problem, und erklären jede Reform am Sozialstaat, am Datenschutz oder am Arbeitsmarkt zum Sündenfall. Andere zeichnen ein völliges Zerrbild der Wirtschaftspolitik, werfen mit Phrasen wie Planwirtschaft und Sozialismus um sich. Was wir kaum tun, ist, zum Herzen des Problems vorzudringen: Wenn der entscheidende Kampf unserer Zeit – neben der Eindämmung der globalen Erderhitzung – der zwischen den Werten einer vielfältigen, liberalen, offenen Gesellschaft einerseits und Populisten und Autokraten andererseits ist, dann hat Deutschland ein Problem. Denn wie kaum ein anderes Land in Europa, ja im Westen, haben wir unseren Erfolg auch auf diese Länder gestützt – auf russisches Erdgas, auf China als Exportmarkt.

Die Vereinigten Staaten befinden sich nun in einem harten Wettstreit mit China – wenn es schlecht läuft, werden sich viele europäische Unternehmen entscheiden müssen, mit welchem der beiden Länder sie Handel betreiben wollen. Deutschland bringt das in eine besonders schwierige Lage, da die USA und China so wichtige Handelspartner für uns sind. Das Problem wird noch größer, weil die USA seit der ersten Präsidentschaft von Donald Trump massiv ihre eigene Industrie schützen und ausbauen. Diese Politik hat Präsident Joe Biden nicht beendet, er hat sie nur anders aufgesetzt. Er hat ein massives öffentliches Subventionsprogramm für neue Technologien aufgelegt. Wer von den Hunderten Milliarden an Förderung profitieren will, muss in den USA produzieren. Auf diese Weise werden auch deutsche Unternehmen angelockt. Dabei geht es fast immer um die nächste Generation von Industriegütern. Und die sind meistens grüne. Wie beschrieben: Klimaschutztechnologien sind längst zum umkämpften Zukunftsmarkt geworden. Ob Donald Trump das bei allem Wüten gegen den Klimaschutz einfach ignorieren wird, werden die nächsten Monate zeigen. Klar ist, dass wir dann immer noch mit Saudi-Arabien, den VAE, Brasilien und Indien konkurrieren. Allein deshalb dürfen wir nicht nachlassen, die Erneuerung unserer Industrie voranzubringen. Die Ratschläge, diese langsamer anzugehen, sind nicht nur für den Kampf gegen die globale Erderwärmung gefährlich, sondern auch für unsere Wirtschaft: Unsere Industrie steckt Milliardensummen in neue Produktionsanlagen. Glasöfen werden auf Strom umgestellt, die chemische Industrie nutzt Wasserstoff, die Papier- und Keramikindustrie beides. Diese Industrien brauchen Planungssicherheit. Und die Hälfte unseres Wohlstands hängt am Export. Der Markt für E-Autos wächst global, Deutschland würde eine gefährliche Wette eingehen, wenn es am Verbrenner hängen bleibt.

Neben der Überwindung der konjunkturellen Schwäche nach dem Wegfall des Gases stehen wir also zusätzlich vor einer Herausforderung ganz anderer Dimension: Das Erfolgsmodell Deutschlands muss neu ausgerichtet werden.

Dafür werden wir das, was derzeit als Gegensätze diskutiert wird, zusammendenken und zusammen tun müssen. Wir werden die Standortbedingungen Deutschlands, also unsere Wettbewerbsfähigkeit gegenüber anderen Ländern in der Welt, deutlich verbessern müssen. Das gilt für Bildung, Fachkräfte, günstige Strompreise, funktionierende Infrastruktur, weniger Bürokratie, schnellere Genehmigungen. Es geht um mehr Risikobereitschaft, mehr Anerkennung für unternehmerische Leistung, mehr Mut zu Innovation und Experimenten. Wir werden gleichzeitig allerdings, das habe ich oben beschrieben, mehr Geld in die Hand nehmen müssen, um Investitionen privat wie öffentlich anzureizen, um unsere Industrie zu erneuern, um unsere Wirtschaft in einer unsicheren Welt sicherer zu machen.

Entscheidend ist aber aus meiner Sicht ein dritter Punkt. Wir werden noch einmal eine ganz andere Tiefe der europäischen Zusammenarbeit brauchen. Die EU darf nicht stehen bleiben, wo sie ist. Sie hat bewiesen, dass sie Gesetzgebung beherrscht, Regeln erlassen und kontrollieren kann. In den Ministerrunden in Brüssel, wenn ich mit den Kollegen an diesen riesigen runden

Tischen sitze, erlebe ich oft, wie aus unterschiedlichen politischen Ansätzen, Regierungen und Verfassungen eine Gemeinschaft entsteht. So hat Europa – gerade in der vergangenen Zeit – große Erfolge erringen können, bahnbrechende Beschlüsse gefasst zum Klimaschutz, dem Ausbau der erneuerbaren Energien, der Neuzulassung von klimaneutralen Fahrzeugen. Die EU hat auch schon während der Coronakrise Herausragendes geleistet, den Binnenmarkt bewahrt, die Unternehmen gerettet. Sie hat sich umfängliche Datenrechte gegeben und diese auch – teilweise mit juristischen Klagen – gegen die großen Techgiganten durchgesetzt. Hinzu kommen die Angleichungen, die den europäischen Bürgerinnen und Bürgern den Alltag erleichtern: das Datenroaming bei den Handys, das Interrailticket, einheitliche Stecker beim Aufladen, Erasmus-Programme.

Aber der Blick nach innen ist nicht mehr ausreichend. Im gewissen Sinn spricht daraus sogar eine gewisse Hybris. Die Vorstellung, Europa sei so mächtig, dass es sich vor allem um sich selbst kümmern könne, ist überkommen, ja gefährlich selbstvergessen. Wollen wir Europäer in einem umkämpften geopolitischen Umfeld bestehen, brauchen wir europäische Handlungsfähigkeit in der Außen- und Sicherheitspolitik. Die Wirtschaftspolitik ist ein wesentlicher Teil dieser sicherheitspolitischen Handlungsfähigkeit. Denn der wahre globale Wettbewerb findet nicht zwischen Deutschland und Frankreich oder Schweden und den Niederlanden statt, sondern zwischen Europa und den USA und China. Und diesen Wettbewerb drohen wir zu verlieren.

Dabei hat die EU hat eine große politische und ökonomische Kraft, wenn sie sich als Gemeinschaft versteht. Bei den Olympischen Spielen in Paris schien es, als ob China und die USA den Kampf um Platz eins unter sich ausmachen würden. Frankreich, die Niederlande, Deutschland, Italien, Polen – sie alle kamen danach. Aber wenn man alle EU-Staaten zusammennimmt, waren wir erfolgreicher als die USA oder China. Und nimmt man die europäischen Nicht-EU-Staaten hinzu, Serbien, die Ukraine oder Großbritannien, dann erst recht.

Ähnlich kann man sich die Kraft des europäischen Binnenmarkts vorstellen. Wir dürfen nicht vergessen, was dieser rechtlich harmonisierte Binnenmarkt für ein Pfund ist. Und dass er mit dem Hochziehen von Binnengrenzen aufs Spiel gesetzt wird.

Diese Kraft der Gemeinsamkeit muss Europa nutzen. Es muss mit einer Stimme sprechen und einheitlich agieren. Das gilt sicherheitspolitisch, das gilt aber auch wirtschaftspolitisch. Denn man muss kein Hellseher sein, um zu wissen: Das Handelsvolumen zwischen den USA, China und Europa wird in den nächsten Jahren kleiner werden. Umso wichtiger, dass wir den Handel innerhalb

Europas noch einmal vertiefen. Man muss kein Hellseher sein, um zu wissen, dass Deutschland allein den Sprung zurück an die Spitze bei den Zukunftsentwicklungen, bei KI, Bio- und Pharma- oder modernen Rüstungstechnologien nicht schaffen wird. Zusammen als EU haben wir eine Chance. Und man muss kein Hellseher sein, um zu erahnen, dass Deutschland allein damit überfordert wäre, sich bei wichtigen Industrien und Rohstoffen unabhängiger und damit sicherer zu machen. Die EU als Ganzes kann das.

Was also tun? Vor einigen Monaten hat Mario Draghi, der ehemalige italienische Ministerpräsident und Präsident der Europäischen Zentralbank, einen wegweisenden Bericht zur wirtschaftlichen Zukunft der EU vorgelegt. Der Bericht wurde in Deutschland schnell, ich meine vorschnell, beiseitegewischt, weil Draghi auch einen anderen Umgang mit dem Thema Verschuldung einfordert. Übersehen wurde, dass dieser Bericht für niemanden bequem ist, dass er auch eine klare Kritik an Überregulierung und an ausufernder Bürokratie, an mangelnder Innovationsbereitschaft und zu schlechten Standortbedingungen enthielt. Draghi macht deutlich, dass es beides braucht: Strukturreformen und mehr Mittel für Investitionen. Gerade wir Deutschen täten gut daran, uns diesen Bericht zu Herzen zu nehmen.

Unser Ziel sollte dann *erstens* sein, dass Europa seine Kräfte bündelt, um wieder Anschluss an die Spitze des technologischen Fortschritts zu finden. Dass wir europäische Spitzenuniversitäten schaffen, die es mit den Harvards und MITs der USA aufnehmen können. Dass wir mit europäischen Rechenzentren ein Gegengewicht schaffen zu den Tech-Giganten aus den USA und China. Dass wir unseren europäischen Binnen- und Kapitalmarkt vertiefen, damit Start-ups, also die Spitzenunternehmen der Zukunft, nicht in den USA an die Börse gehen, sondern in Paris oder Frankfurt.

Unser Ziel sollte *zweitens* sein, dass wir unsere Industrie gemeinsam in Europa erneuern und verteidigen, dass wir also unsere Wirtschafts-, Industrie- und Energiepolitik noch weiter zusammenführen. Ein echter europäischer Energiebinnenmarkt würde uns gerade auf dem Weg ins Zeitalter der Erneuerbaren enorm helfen. Wenn bei uns einmal wenig Wind weht und die Sonne nicht scheint – so wie in den Tagen der Entstehung dieses Buches –, dann können andere Regionen in Europa aushelfen – und andersherum. Eine gemeinsame Industriepolitik wäre sehr viel effizienter – denn es macht keinen Sinn, dass wir beim Aufbau einer europäischen Halbleiterindustrie in einen Subventionswettkampf mit Polen oder Frankreich treten. Zugleich sollten wir in Europa aber nur noch die Unternehmen fördern, die auch bei uns produzieren, mit unseren hohen sozial-ökologischen Standards: in Europa, für Europa. Diese Schritte klingen erst mal gar nicht so schwierig, sie erfordern aber eine tiefe Mentalitätswende. Denn in der Öffentlichkeit wird die Energie- und Wirtschaftspolitik eben auch vor allem noch national verhandelt. Da ist es dann ein riesiges Drama, wenn die Stromimporte steigen – obwohl es Importe von unseren allerengsten europäischen Freunden sind. Deshalb ist der Weg, den ich hier – gemeinsam mit Mario Draghi – vorschlage, kein einfacher. Aber es ist ein Weg in die Zukunft.

Drittens: Europa muss gemeinsam seine Wirtschaftssicherheit erhöhen. Wir sollten darauf hinwirken, dass wir eigene Rohstoff-Zugänge haben, dass wir bei kritischen Mineralien unabhängiger werden. Auch hier haben wir in den letzten drei Jahren vorgearbeitet. Es gibt inzwischen einen Rohstofffonds, aus dem wir eigene Projekte unterstützen können. Eng arbeiten wir hier mit Italien und Frankreich zusammen, die ihrerseits entsprechende Fonds aufgelegt haben. Und wir sind gut beraten, unsere Handelsbeziehungen mit anderen Ländern auszuweiten. Hier sind in den letzten Jahren ebenfalls erste Erfolge zu verzeichnen. Aber noch werden in Europa handelspolitische Debatten unter den Vorzeichen der Vergangenheit geführt, so als könnten wir es uns aussuchen, wer unsere Partner sind. Das ist eine Illusion. Wenn Europa mit seinen hohen ökologischen und sozialen Standards keine Abkommen mit Indien, Südamerika oder Indonesien schließt, dann tut es China. Und das ist weder besser für Menschen und Umwelt dort noch für Souveränität und Sicherheit hier.

Wirtschaftspolitik, das ist in den vergangenen Jahren immer deutlicher geworden, ist Gesellschaftspolitik. Die Freiheit und Demokratie unseres Landes sind voraussetzungsreich. Und die politische Stabilität der Bundesrepublik beruht ganz wesentlich auf dem Funktionieren der sozialen Marktwirtschaft. Denn ihre Besonderheit ist, dass sie ein Ausgleichsprojekt ist. Sie setzt auf die Kreativität des Einzelnen, auf Unternehmertum und Gewinnstreben. Aber die Erfolge des Wachstums, die Gewinne, sollen dem Zusammenhalt der Gesellschaft dienen. Geschaffen in der Zeit der Ideologien nach dem Zweiten Weltkrieg, ist sie weder eine sozialistische Staatswirtschaft, wo alle Gewinne dem Staat zur Verfügung stehen, die Regierung alles regelt und unternehmerische Freiheit unterdrückt. Noch ist sie reiner Kapitalismus, wo der erfolgreiche Unternehmer alles für sich behält. Sie schafft den sozialen Ausgleich durch Besteuerung, Sozialsysteme, Arbeitnehmerrechte. Wie stark oder wie hoch jeweils die Belastungen sein sollen oder dürfen, darüber kann man politisch streiten. Dass wir aber in einem Land leben, in dem sich Freiheit durch Ausgleich verwirklicht, sollte auch in Zeiten wirtschaftlicher Krisen und Umbrüche nicht vergessen werden. Insofern stehen Demokratie und Freiheit auf dem Fundament der sozialen Marktwirtschaft. Ihre Gründungsväter waren sich der gesellschaftlichen und politischen Bedeutung ihres Konzeptes bewusst. In Anlehnung an die katholische Soziallehre und die Ökumene nannten sie sie »irenisch«, also friedensstiftend. Der Gegenbegriff zur Irenik in der kirchlichen Soziallehre ist übrigens die »Polemik«. Diese setzt nicht auf den Ausgleich, sondern auf die Spaltung. Es gibt gewiss keine Garantie, dass ein Land mit einer funktionierenden sozialen Marktwirtschaft immun ist gegen Polemik und Spaltung. Aber umgekehrt wird sehr wohl ein Schuh draus: Es gibt eine ziemliche Sicherheit, dass Deutschland ohne das irenische Prinzip der sozialen Marktwirtschaft ein leichteres Opfer für Populisten wird.

Das Erfolgsmodell Deutschlands neu auszurichten muss also bedeuten, die soziale Marktwirtschaft den veränderten globalen Erfordernissen der Zeit und den ökologischen Bedingungen anzupassen. Darum geht es.

Die Herausforderung ist groß wie lange nicht mehr. Doch wir können es packen, wie wir es in der Vergangenheit gepackt haben. Wir müssen es aber auch wollen. Den Rücken gerade machen, die Dinge beim Namen nennen und dann mutig den Bach rauf!

NICHT BRÜLLEN oder BASTA

Ich schrieb weiter oben, dass wir in den letzten Jahren ein bisschen zu viele historische Momente erleben. Die der erschreckenden Art. Der große historische Augenblick, der mein Leben als junger Erwachsener prägte, war der Fall der Mauer. Ich war zwanzig, und von da an schien alles möglich und die Welt zusammenzuwachsen: Deutschland, Ost- und Westeuropa, die Welt. Versöhnung mit Russland, Wandel durch Handel. Es war eine von Hoffnung geprägte Dekade.

Wer jetzt zwanzig ist, erinnert sich in seinem Leben an den syrischen Bürgerkrieg und die große Flucht nach Europa und Deutschland, den Brexit und die erste Wahl Donald Trumps, die Pandemie, die das gesamte Alltagsleben – Schule, Freunde treffen, gemeinsam Sport oder Musik machen – zum Erliegen brachte, den russischen Angriffskrieg gegen die Ukraine und den 7. Oktober, an dem Hamas-Terroristen Israel angriffen und mit unvorstellbarer Brutalität Männer, Frauen und Kinder mordeten, Leichen verstümmelten, ein Pogrom, festgehalten in Zigtausenden Videosequenzen. Ein Ziel dieses Angriffs war, jede Hoffnung, jeden Wunsch auf Versöhnung, auf ein friedliches Miteinander durch Hass zu zerstören, und diesem Ziel ist die Hamas sehr nah gekommen. Auf den 7. Oktober folgte der Krieg in Gaza, mit Zigtausenden Toten, eine humanitäre Katastrophe, so viel Leid, Trauer, Hunger, Zerstörung, Elend und Hass. Wer heute zwanzig ist, steht am Beginn seines Erwachsenenlebens mitten in einer Welt, die auseinanderdriftet.

Es vollziehen sich geopolitische Machtverschiebungen, die wir in Echtzeit beobachten können. Aber beobachten reicht nicht. Denn wir sind Teil dieser Verschiebungen. Wir können und dürfen uns nicht in einer Beobachterperspektive einrichten, dann schneiden wir uns ins eigene Fleisch. Dann wird Europa – und mit ihm Deutschland – zum Spielball anderer. Europa aber muss als starker Akteur handeln: bei Sicherheit, Wirtschaft, Klimaschutz. Es muss, wie Herfried Münkler in seinem neuen Buch *Welt in Aufruhr* schreibt, »aus einem umtriebigen Regelgeber und Regelbewirtschafter« zu einem »machtpolitisch handlungsfähigen Akteur« werden.

Als ich mich am 23. Februar 2022 spätabends hinlegte, ging ich im Bewusstsein schlafen, dass Putins Truppen in den frühen Morgenstunden in die Ukraine einmarschieren würden. Die Papiere der US-Dienste, in denen die Vorbereitungen der russischen Armee – Blutkonserven wurden aufgetaut, Panzer mit Feldzeichen bemalt, die Sprengköpfe auf die Raketen gesetzt, Särge geliefert – genau beschrieben waren, werde ich nie vergessen. Nachts wachte ich immer wieder auf, blickte aufs Handy, tauschte mit dem Bundeskanzler Nachrichten aus und sah dann in den frühen Morgenstunden das, was die Welt erschütterte: die Nachricht vom Angriff Putins.

Als wir wach wurden, befanden wir uns in einer anderen Welt. Russische Truppen marschierten in der Ukraine ein, drangen bis nach Kyjiw vor, Raketen zerstörten Wohnhäuser, zahllose Menschen flohen. Kaum jemand hatte sich das vorstellen können. Ein Landkrieg, wie wir ihn seit fünfundsiebzig Jahren nicht in Europa hatten. Aber nichts davon war plötzlich. Krieg herrschte schon seit 2014 im Osten der Ukraine. Die Krim war längst besetzt. Russische Truppen waren schon 2021 vor den Toren der Ukraine aufgezogen. Es gab jede Menge Anzeichen, wörtliche Aussagen Putins, Berichte von Geheimdiensten. Es gab Warnungen europäischer Partner vor der Gasabhängigkeit.

Aber viel zu lange haben zu viele in Deutschland diese Bedrohungslage durch Putins Regime ignoriert. In der Gegenwart halten wir diese zu oft für selbstverständlich und unveränderbar. Allzu gern sehen wir nur die Oberfläche unserer Zeit, nicht das, was darunter geschieht.

Aber – wir haben es auf die harte Tour gelernt – nichts ist selbstverständlich. Unvorstellbare Dinge passieren.

Als ich im Mai 2021 bei meinem ersten Besuch in der Ukraine, nach Gesprächen in Kyjiw und bevor ich an die Front fuhr, sagte, ich fände es richtig, der Ukraine Waffen zur Selbstverteidigung zu geben, war der Aufschrei groß. Am 11. Februar 2022 war ich zu meinem Antrittsbesuch in Warschau. Damals regierte noch die PiS-Partei, ich traf aber den Oppositionspolitiker Bogdan Borusewicz. Er war damals dreiundsiebzig Jahre alt und Mitglied der Bürgerplattform von Donald Tusk, dem heutigen Ministerpräsidenten. Ich begegnete einem kleinen, rundlichen Mann, der sein Leben lang für Demokratie und den Rechtsstaat gekämpft hat und dafür zweimal inhaftiert wurde.

Wir saßen einander gegenüber an einem dieser langen Tische, die bei Delegationsreisen üblich sind, und redeten über die innenpolitische Lage in seinem Land. Seine Sorge war in jedem Wort zu spüren, seine Wut auf die Regierung, die den Rechtsstaat nach und nach zurechtstutzte, die Angst um die Demokratie in Polen. Die Traurigkeit hatte sich ihm, der so viel erlebt hatte, wie ein Mantel um die Schultern gelegt. Ich fragte ihn, wie er auf die Wahlen schaute, die im kommenden Jahr stattfinden würden. Seine Antwort, so erinnere ich mich, war: Alles hänge davon ab, ob es Krieg gebe. Dieser Satz hallte in diesem Moment wie ein Donnerschlag. Er war so einfach, so klar, so brutal. Er sprach aus, was in Deutschland weder politisch anerkannt noch persönlich vorstellbar war. Für die Menschen in Polen aber war die Bedrohungslage greifbar, näher. Und Jahre schon hatten sie, in deren kollektives Gedächtnis sich nicht nur der bestialische Krieg von Hitlers Deutschland, sondern auch der Stalins eingebrannt hatte, vor Russland gewarnt.

Inzwischen hat die Bundesregierung, hat Europa der Ukraine viel Unterstützung zukommen lassen und Waffen geliefert. Als Wirtschaftsminister gehöre ich zu jenen, die diese Entscheidungen mit treffen. Und ich habe sie mit der festen Überzeugung der Notwendigkeit getroffen. Aber es ist nichts, was ich leichten Herzens tue. Im Gegenteil: Bei jeder Lieferung weiß ich, dass durch diese Waffen Menschen sterben können und wohl auch sterben. Lieferten wir sie nicht, könnten die Ukrainerinnen und Ukrainer sich nicht gegen den völkerrechtswidrigen Angriff Putins verteidigen. Sie wären den Gleitbomben, seinen Truppen schutzlos ausgeliefert – ebenfalls Verletzte, Tote wären die Konsequenz.

Putins Angriff auf die Ukraine markiert nicht nur eine Zeitenwende in dem Sinn, dass im Donbass ukrainische Gebiete von Russland besetzt sind. Putins Angriff gilt uns selbst: dem demokratischen, freien Europa. Er kann nicht dulden, dass auf einem Gebiet der ehemaligen Sowjetunion ein proeuropäischer liberaler Rechtsstaat erfolgreich ist. Im Präsidentschaftswahlkampf 2004 wurde der prowestliche Kandidat Wiktor Juschtschenko lebensgefährlich vergiftet. Die Wahlen wurden zugunsten des von Moskau präferierten Kandidaten Wiktor Janukowytsch massiv gefälscht. Nur dank der wochenlangen demokratischen Massenproteste in der orangefarbenen Revolution konnte eine demokratische Neuwahl erreicht werden. Im Jahr 2014 demonstrierten auf dem sogenannten Euro-Maidan Ukrainerinnen und Ukrainer, viele davon jung, die wollten, dass sich ihr Land nicht Putins Russland, sondern der Europäischen Union anschließt. Diesmal zahlten viele mit ihrem Leben für diesen Kampf für Freiheit. Russische Schergen schossen in die Menge. Ich habe den Platz des Protests und der Schüsse in Kyjiw mehrfach besucht. Heute ist der Ort der Erinnerung an die Toten des Angriffskrieges gewidmet. Für jeden gefallenen Soldaten steckt ein kleines Fähnchen in einem Beet. Es sind Tausende, vielleicht Hunderttausende, gestorben. Putin hat sie auf dem Gewissen. Putin will – da sollten wir uns nichts vormachen – die Einigung und Einheit Europas zerstören. Sein Krieg gegen die Ukraine ist gegen die Freiheit Europas gerichtet. Er will die europäische Friedensordnung zunichtemachen und die Welt in Unordnung stürzen. Es ist weniger ein

Krieg um Territorien als um Selbstbestimmung, es ist ein Krieg gegen Demokratie und Freiheit.

Dass dies eine fundamentale Machtprobe ist, darüber müssen wir uns sehr bewusst sein. Ich habe mit so vielen Menschen gesprochen, die unter dem Krieg leiden. Mir ist klar, wie groß die Sorgen vieler Menschen vor einer Eskalation hier bei uns sind, wie groß die Sehnsucht nach Frieden auch hier in Deutschland ist. Ich habe diese Sehnsucht auch. Es vergeht kein Tag, an dem mir das unfassbare Leid des Krieges nicht bewusst ist, das Sterben an der Front, die Luftangriffe. Und kein Tag, an dem ich mir nicht Frieden wünsche. Deshalb muss es eines Tages Friedensverhandlungen geben. Nur – und das verschweigen die AfD, Sahra Wagenknecht und ihre Freunde allzu gern – ist es Putin, der sich Verhandlungen verweigert, der seinen Angriffskrieg unbeirrt fortsetzt, der seine Soldaten verheizt. Der seine Wirtschaft auf Krieg umgestellt hat. Diese Realität kann jeder sehen. Genauso, dass es keine Verhandlungen über die Köpfe der Ukrainer hinweg geben darf. Es liegt an den Menschen, zu entscheiden, welche Opfer sie zu tragen bereit sind, wie viele Väter, Männer und Brüder sterben, auch, zu welchen Bedingungen ein Frieden erreicht werden kann, um Frieden in Freiheit genannt zu werden.

Frieden und Freiheit – das ist das große Versprechen der Europäischen Union. Aus den Trümmern der europäischen Zivilisation erwachsen, entstand mit ihr etwas unglaublich Wertvolles und Unwahrscheinliches – eine Ordnung, die den Menschen Europas ein Leben in Frieden, Freiheit und Sicherheit ermöglicht. Zeitenwende ernst genommen heißt jedoch: Wir müssen lernen, unseren Blick zu weiten und auf die Welt zu richten, in unserer Geschichte Geschichte zu schreiben.

Militärisch müssen wir unsere Hausaufgaben machen und unsere Armeen in einen verteidigungsfähigen Zustand *ver*setzen, damit wir sie niemals *ein*setzen müssen. Kooperieren wir in der EU – und auch mit Großbritannien! Das Land ist aus der EU ausgetreten, aber der Brexit wird inzwischen von einer deutlichen Mehrheit der Britinnen und Briten als Fehler angesehen. Dennoch wird er formal nicht so bald korrigiert werden. Dank der neuen Labour-Regierung gibt es aber nun eine gute Möglichkeit, eine neue europäische Zusammenarbeit insbesondere in der klassischen Sicherheitspolitik aufzubauen. Großbritannien ist wie Frankreich eine Atommacht. Das Land einzubeziehen und einen starken europäischen NATO-Pfeiler, der nun mit Finnland und Schweden noch größer geworden ist, zu entwickeln, ist notwendig. Die Zeit, in der wir unseren militärischen Schutz an die Amerikaner delegieren konnten, ist vorbei. Europa schutzfähig machen, im Bündnis mit der NATO, ist das Gebot der Zeit.

Nötig ist auch ein gemeinsamer Schutz der kritischen Infrastruktur: Angriffe auf Computernetzwerke, Drohnenflüge über Industrieanlagen oder Militärliegenschaften passieren längst. Und ja, wir müssen unsere strategische Souveränität erhöhen. Kritische Industrien und Komponenten sollten wir gemeinsam definieren und identifizieren. Wo gilt es, Abhängigkeiten zu reduzieren oder gar nicht erst entstehen zu lassen? Wir müssen gemeinsam festlegen, wer bei uns investiert und wohin Technologietransfers gehen. Wir brauchen eine Verständigung darüber, welche Investments wir wo wollen – und wichtiger noch: wo nicht.

Auch die nächste Erweiterung der EU ist im deutschen Interesse, denn sie stärkt Sicherheit und Freiheit – die Ukraine, Moldau, Georgien und die Westbalkanländer dürfen nicht für Europa verloren gehen. Damit die EU auch nach einer Erweiterung handlungsfähig bleibt, braucht es aber Reformen der rechtlichen Grundlagen. Das Prinzip der qualifizierten Mehrheit muss auch auf die verbleibenden Bereiche der Außen- und Finanzpolitik übertragen werden. Der Status quo ist das Gegenteil von Handlungsfähigkeit, ist Unbeweglichkeit – und die ist nicht von Vorteil in einer sich so rasant ändernden Welt.

Die Europäische Union hat in den letzten Jahren oft bewiesen, dass sie kann, wenn sie muss. Sie hat entschlossen und geschlossen auf den russischen Angriff auf die Ukraine reagiert. Sie hat auf die Energiekrise reagiert und sie bewältigt. Jetzt aber gilt es zu beweisen, dass Europa auch kann, weil es will. Dass es nicht nur reagieren, sondern auch agieren kann. Die nächsten Jahre werden darüber entscheiden, ob die demokratischen Staaten Freiheitsrechte und Liberalität verteidigen ober ob der Rechtspopulismus gewinnt. Sie werden entscheiden, ob wir durch entschiedene ökonomische Reformen unseren Wohlstand und die soziale Marktwirtschaft erneuern oder ob wir von China und den USA abgehängt werden. Sie werden darüber entscheiden, ob wir die Möglichkeit aufrechterhalten, die globale Erderwärmung ausreichend einzudämmen, oder ob wir mit Katastrophen, Krisen und Klimakriegen werden leben müssen, die unermessliches Leid für die Menschheit bringen werden. Die nächsten Jahre werden über Krieg und Frieden auf unserem vernarbten Kontinent entscheiden. Die EU kann hier den entscheidenden Unterschied machen. Deshalb sollten wir sie perspektivisch zu einer Föderalen Europäischen Republik mit einer europäischen Verfassung weiterentwickeln.

Entscheidend ist, dass Europa mit einer Stimme spricht. Uneinigkeit sendet den Autokraten ein Signal von Schwäche. Es braucht aber Stärke. Der Punkt aber ist: Damit die EU diese Rolle einnehmen kann, muss Deutschland die Voraussetzungen dafür schaffen. Ohne Deutschland geht es nicht. Dafür sind wir zu mächtig, zu bedeutsam. Deutsche Politik in Europa ist aber nur dann erfolgreich, wenn sie mehr gibt als nimmt, wenn sie dienend führt, nicht poltert – nur dann profitieren am Ende wir und alle anderen. Zu viele in unserem Land reden die EU schlecht, verhöhnen sie als Bürokratiemonster. Andere glauben, wenn man nur mal richtig auf den Tisch haut, dann spuren Spanier, Franzosen und Polen schon. Weit gefehlt. Als Wirtschafts- und Klimaminister habe ich mit meinem Team in der letzten Legislatur einen anspruchsvollen Green New Deal mit fast 20 Gesetzen und Verordnungen verhandelt – erfolgreich. Weil wir wussten, dass wir uns zurücknehmen müssen, um erfolgreich zu sein. Deutschland muss führen, ja, aber als hängende Spitze, aus der zweiten Reihe sozusagen. Die großen deutschen Europäer, Konrad Adenauer, Helmut Kohl, haben das verstanden, ihre Nachfolger heute scheinen es manchmal zu vergessen.

Deutschland liegt in der Mitte Europas und ist das größte Mitgliedsland. Was allgemein gilt, gilt besonders für die Europapolitik: Führung ist nicht die Kunst zu sagen, wo es langgeht, sondern bei anderen so viel Vertrauen herzustellen, dass sie den Weg mitgehen wollen. Wenn Deutschland gegen die Interessen anderer Mitgliedsländer agiert, schließen sich diese entweder gegen uns zusammen und wir können unsere eigenen Interessen nicht mehr erfolgreich durchsetzen, oder Europa zerfällt. Bei den Verhandlungen auf europäischer Ebene habe ich immer die Losung ausgegeben, dass wir am Ende auf der Seite der Mehrheit stehen müssen. Das größte Mitgliedsland in Europa kann sich nicht benehmen wie Ungarn. Für uns müssen europäisches Recht und Grundgesetz immer gelten.

Damit es stark sein kann, muss Europa auf Deutschland zählen können. Das war in der jüngeren Vergangenheit nicht immer der Fall. Deutschland hat zu oft gegen die Warnung unserer Freunde Sonderwege beschritten. Dabei muss Deutschland gerade als ökonomisch stärkstes Land mit der größten Einwohnerzahl – zumal mit seiner Geschichte – immer als Teamplayer führen.

Nach einer Phase der Passivität und des Reaktiven muss Deutschland also Führungsverantwortung übernehmen wollen. Nicht mit Brüllen oder Basta. Ein starkes, selbstbewusstes und selbstständiges Europa muss sich auf Deutschland verlassen können. Das ist die Rolle, die eine neue Bundesregierung annehmen wollen muss.

UND NICHT ÜBER UND NICHT UNTER

Die Art und Weise, wie der Wahlkampf 2021 geführt wurde, sollte sich nicht wiederholen. Vieles, was in dieser Legislatur zu entscheiden war, ist damals überhaupt nicht verhandelt worden. Es wurde zwar viel vom Ende der Ära Merkel gesprochen. Aber der Wahlkampf handelte nicht von einer neuen Ära. Er handelte von allem Möglichen, aber nicht von der Rückkehr der Geopolitik, einem bevorstehenden Angriff Putins auf die Ukraine und der Bedrohungslage durch Russland, Deutschlands unterlassenen Investitionen in die eigene Sicherheitsfähigkeit, einem Bündnis der Autokraten, davon, dass sich die Amerikaner sicherheitspolitisch von Europa entfernen, dass wir mehr Verantwortung für die Sicherheit Europas übernehmen müssen. Die Menschen haben nicht abgestimmt über unser Verhältnis zu Putins Russland, über Deutschlands Rolle in Europa und Europas Rolle in der Welt, über die Frage, ob und, wenn ja, wie wir die Wehrhaftigkeit unserer Armee und die Widerstandsfähigkeit unserer Wirtschaft stärken sollten, über unsere Abhängigkeit von russischem Gas und Importen aus China. Weder standen Sondervermögen für Militär oder Gaseinkäufe zur Debatte, noch wurde über den schwarz-gelben Atomausstieg oder den Bau von LNG-Terminals gestritten.

All das aber hat unsere Zeit bestimmt und bestimmt sie weiter. Hinzu kommt die Herausforderung durch die globale Erderwärmung, die in den vergangenen Jahren an Dramatik gewonnen hat. Das Urteil des Bundesverfassungsgerichts von 2021 hat festgestellt, dass eine unzureichende Klimaschutzpolitik die Freiheits- und Grundrechte von kommenden Generationen beeinträchtigt. Ich möchte hinzufügen: nicht nur von kommenden Generationen. Denn die globale Erderwärmung ist Gegenwart. 2023 war das wärmste Jahr seit hundertfünfundzwanzigtausend Jahren, die Zahl der Extremwetterereignisse explodiert, Menschen sterben jetzt, verlieren jetzt ihr Haus und ihren Besitz.

2021 mag die Ära Merkel zu Ende gegangen sein. Aber im Wahlkampf 2021 begann noch keine neue. Einige kalauern, wir hätten uns damals verwählt. Das glaube ich nicht. Die aus den Wahlen hervorgegangene Bundesregierung hat enorm viel entschieden und das meiste davon viel besser, als es ihr miserabler Ruf vermuten lässt. Aber – und das ist das Problem – wir haben auf die großen Fragen keine hinreichend großen Antworten gegeben. Auch weil es kein Mandat für diese Antworten gab. All die großen Aufgaben und Fragen, die wir – die deutsche Politik, unser Land, ich – in den vergangenen Jahren bewältigen und beantworten mussten, sie waren nicht Gegenstand der Wahlauseinandersetzung. Und was die Klimapolitik angeht: Auch der Wahlkampf 2021 wurde im Wesentlichen mit dem Versprechen gewonnen, dass Klimaschutz ohne Veränderungen zu haben sei.

Die politische Haltung der Ära Merkel, das Wesentliche nicht anzugehen, wurde im Wahlkampf verlängert. Nur dass der Erfolg dieser Politik sich nicht mehr einstellt. Die Wirklichkeit ist zu radikal geworden. Sie ist geradezu eingebrochen in die politische Bequemlichkeit. Wir können nicht mehr simulieren, dass sich die Dinge nicht ändern werden. Die Regierung hat auf viele Herausforderungen reagiert. Aber für dringend notwendige grundlegende Entscheidungen hatte sie keine Geschäftsgrundlage, weder im Koalitionsvertrag noch in der Gesellschaft. War die Haushaltslücke für den Haushalt 2025 der Auslöser, sind die immer stärker hervorgetretenen unterschiedlichen Vorstellungen in der Finanzpolitik die Ursache, die zum Bruch der Koalition geführt hat.

Wir werden in den Jahren 2025 bis 2029 der Wirklichkeit nicht mehr ausweichen können. Denn Deutschland und Europa müssen in einer weltpolitischen Umbruchphase bestehen.

Ein Teil des politischen Spektrums leugnet diese noch heute und tut so, als würden die Herausforderungen verschwinden, wenn man den Kopf in den Sand steckt, nur weil man sie dann nicht mehr sieht. Aber mit dem Kopf im Sand sieht man gar nichts mehr. Das ist politische Blindheit. Ein anderer Teil sieht die Probleme, weigert sich aber, die entsprechenden politischen Schlüsse daraus zu ziehen, weil die parteipolitische Beschlusslage etwas anderes sagt, etwa wenn es darum geht, Europa Steuerhoheit und eine größere Kompetenz bei Sicherheitsfragen zu geben; oder wenn es darum geht, die Schuldenbremse in Deutschland zu reformieren. Das schlechteste Argument gegenüber neuen Herausforderungen ist aber, dass man sich im Grundsatzbeschluss von anno dazumal anders festgelegt hat. Das nenne ich Ideologie. Die einzige Ideologie, die wir uns noch leisten können, heißt aber Wirklichkeit. Die Regeln aus einer Welt, wie sie einmal war, müssen wir anpassen, damit wir uns in der Gegenwart und Zukunft behaupten können. Rahmenbedingungen sind keine Naturgesetze. Menschen können sie ändern.

Die Krisen dieser Zeit zwingen uns, uns zu hinterfragen. Sie dulden keine einfachen Antworten, doch sie verbieten Antwortlosigkeit. Sie erlauben nicht, blind an Dogmen festzuhalten, sondern verlangen, die Augen weit für die Gegenwart zu öffnen.

2025 werden die Menschen in Deutschland neu wählen, früher als vorgesehen. Dieses Mal sollten wir diese Fragen verhandeln. Tun wir das nicht, riskieren wir einen weiteren Vertrauensverlust in die demokratische Politik.

Ich bin vor gut zwanzig Jahren in die Politik gegangen, weil ich Probleme sah und mich kümmern, einbringen wollte, Bullshit-Reden so wenig ertragen konnte wie permanente gegenseitige Schuldzuweisungen, weil ich von Politikern nicht erwartete, dass sie nie Fehler machen, wohl aber, dass sie diese dann zugeben, damit ich ihnen im besten Fall verzeihen kann. Das ist nicht anders geworden. Ich kann es kaum ertragen, wenn das Land und seine Debattenkultur von Hass und Missgunst vergiftet werden. Wenn immer nur die anderen schuld sind. Ich will nicht glauben, dass eine Gesellschaft von sich nur das Schlechteste denkt, sich eingroovt in Moll. Will nicht akzeptieren, wenn von Populisten, die die demokratischen Gesellschaften weiter verunsichern wollen, Untergangsszenarien an die Wand gemalt werden und sie sich geradezu daran ergötzen, wenn alles den Bach runtergeht. Natürlich bin ich nicht mehr der von damals. Ich war inzwischen zusammengenommen bald zehn Jahre Minister, ich war Fraktionsvorsitzender im Landtag, Parteivorsitzender und habe zwei Hände voll Wahlkämpfe geführt. Das hat mich geprägt und auch verändert. Aber die Hoffnung und den Enthusiasmus, dass Menschen einer Zeit einen Unterschied machen können, und zwar hin zum

Besseren, die habe ich noch immer. Und ich kann nur hoffen – und es im Wahlkampf zur Abstimmung stellen –, dass es genug anderen Menschen genauso geht, dass es genug Frauen und Männer gibt in unserem Land, die mitmachen wollen, die sich nicht anstecken lassen wollen vom grassierenden Pessimismus, die nicht aufgeben wollen, wenn's schwierig wird. Mit der Erfahrung der Jahre und der wiedergefundenen Energie des Anfangs will ich noch einmal nach vorn gehen und ein Angebot unterbreiten: den Bach rauf!

In den ersten Januartagen des Jahres 2024 war ich mit meiner Frau zu einem Kurzurlaub auf Hallig Hooge. Hooge ist für mich ein vertrauter Rückzugsort. Ich war als Landesminister in Schleswig-Holstein für die Halligen zuständig, wir haben Freunde dort. Dieses Mal aber verbreitete sich die Nachricht von unserem Besuch, und es wurden Protestler mobilisiert, die sich am Festland am Anleger von Schlüttsiel versammelten. Als meine Frau und ich am Abend an die Westküste zurückkamen, wurde die Fähre von den wütenden Protestierenden blockiert. Die Stimmung war aufgeheizt, die Sicherheitskräfte waren angespannt. Ich konnte nicht zu den Demonstranten gehen und mit ihnen sprechen, wir konnten die Fähre nicht verlassen; wir steckten fest. Als die Fähre daraufhin wieder ablegte, versuchten einige Demonstranten, die Fähre zu stürmen.

An Hassnachrichten, Todesdrohungen, auch gegenüber meiner Familie, habe ich mich im Laufe der Jahre fast gewöhnt. Und anders als viele Ehrenamtliche, Kommunalpolitikerinnen, die bedroht sind, habe ich Personenschutz. Dennoch haben die Stunden auf der Fähre etwas verändert. Dass ich zu Hause nicht mehr zu Hause bin und dass es kaum einen Rückzugsort mehr gibt, aber vor allem, dass es meine Familie so direkt betrifft, ist unmittelbar geworden.

Ich habe irgendwann danach mich – und meine Frau – gefragt, ob ich aufhören solle. Aber die Antwort – auch von ihr – war: nein. Im Gegenteil: jetzt erst recht. Weil dies das Land ist, dessen Probleme mich etwas angehen. Und weil es in dieser rauen, unruhigen Zeit um so viel geht. Weil mich antreibt, was so viele antreibt: dass die Kriege aufhören und wir wieder Frieden haben, dass das Schreien und Brüllen nicht die politische Debatte kaputt machen, dass wir normal miteinander reden können, auch wenn wir nicht einer Meinung sind. Dass wir nicht vergessen, welches Geschenk fünfundsiebzig Jahre Frieden und Freiheit gerade in und gerade für Deutschland sind. Wir dürfen nicht davon ausgehen, unsere liberale Demokratie sei auf ewig garantiert. Wir müssen um und für sie kämpfen, für sie eintreten. Heute, auch hier, bei uns in Deutschland, in Europa. Für die Gegenwart und Zukunft unseres Landes.

Als im Frühsommer 2024 im Regierungsviertel zwischen Kanzleramt und Bundestag der fünfundsiebzigste Geburtstag des Grundgesetzes gefeiert wurde, traf ich auf dem Weg dahin Margot Friedländer, damals hundertdreijährige Überlebende des Holocaust. Und ich hakte sie unter und half ihr, den holprigen Weg mit ihrem Rollator zu bewältigen. Da wir langsam waren, wurden wir von anderen überholt. Unter anderem von Angela Merkel, der ehemaligen Bundeskanzlerin, deren Ära nun endgültig zu Ende ist und deren politisches Erbe so viele Fragen aufwirft. Ich freute mich, sie zu sehen, auch weil ich weiß, dass sie in ihrer Zeit Deutschland alles gegeben hat. Angela Merkel begrüßte Margot Friedländer, anschließend mich, dann hakte sie Margot Friedländer ebenfalls unter, und wir gingen zu dritt zu unseren Plätzen. Diese kleine Begegnung war ein politisches Glück. Bei der anschließenden Feier wurde die Nationalhymne zweimal gesungen, einmal von allen Gästen in der dritten Strophe von Hoffmann von Fallersleben mit dem schönsten Genitiv der deutschen Sprache: »Des Glückes Unterpfand«, einmal von Katharina Thalbach und Andrea Schneider in der Kinderhymnenversion von Bertolt Brecht. In ihr heißt es: »Und nicht über und nicht unter andern Völkern wolln wir sein.« Das »Und nicht über und nicht unter« blieb mir im Kopf. Es ist demütig und selbstbewusst. Es verbindet. Vielleicht ein Motto für dieses Jahr und danach.

FSC
www.fsc.org
MIX
Papier | Fördert gute Waldnutzung
FSC® C083411

2. Auflage 2025

Covergestaltung: Jana Meier-Robert
Covermotiv: © Nils Leon Brauer
Gesetzt aus der Arno Pro und der Good Pro
Satz: Wilhelm Vornehm, München
Druck und Bindung: CPI books GmbH, Leck

ISBN 978-3-462-00896-8

Kontaktadresse nach EU-Produktsicherheitsverordnung:
produktsicherheit@kiwi-verlag.de

Das Buch

Die Zeiten sind sehr anspruchsvoll und fordern von vielen viel. Die Nachrichten sind oft schlecht, die Aussichten nicht viel besser. Aber müssen wir in Sorge und Trübsinn verharren? Was gibt Anlass zu Hoffnung und Zuversicht? Und warum sprechen wir nicht über neue Perspektiven? Robert Habeck will mit dieser Schrift Orientierung geben. Er analysiert, wie wirtschaftliche Prosperität die Voraussetzung von Freiheit ist, auf welche Weise wir die soziale Marktwirtschaft erneuern und die Fundamente der Gesellschaft stärken können, was das Land stark gemacht hat und was wir brauchen, um die Mutlosigkeit zu überwinden, die Gesellschaft zu versöhnen und wieder nach vorn zu schauen. Wir können den Bach raufgehen – dieses Buch zeigt den Weg.

Der Autor

Robert Habeck, geboren 1969, arbeitete als Schriftsteller und veröffentlichte zahlreiche Bücher, bevor er Politiker wurde.

Weitere Titel von Robert Habeck bei Kiepenheuer & Witsch

Kiepenheuer & Witsch

Leseproben und mehr unter www.kiwi-verlag.de